04 박영규 선생님의 우리역사 넓게보기

조선 시대 환관들은 어떻게 살았을까?

그린이 **백명식**

강화에서 태어나 미술대학에서 서양화를 전공한 뒤, 좋은 어린이 책에 그림을 그리고 글을 쓰고 있습니다. 직접 쓰고 그린 책으로 《울 엄마 어렸을 적에》 《김치네 식구들》 《뭘까?》 등이 있고, 창작 그림책이 100여 권 있습니다. 그 외에 《책 읽는 도깨비》 《책귀신 세종대왕》 《똥덩이가 좋아요》 《세상에서 가장 아름다운 아빠》 《신라 1000년 동안 무슨 일이 있었을까》 《백제 700년 동안 무슨 일이 있었을까》 《조선 시대 왕실 사람들은 어떻게 살았을까?》 《조선 시대 궁녀들은 어떻게 살았을까?》에 그림을 그리면서 활발하게 활동하고 있습니다.

04 박영규 선생님의 우리 역사 넓게 보기

조선 시대 환관들은 어떻게 살았을까?

1판 1쇄 인쇄 | 2010. 10. 28.
1판 1쇄 발행 | 2010. 11. 4.

박영규 글 | 백명식 그림

발행처 김영사 | **발행인** 박은주 | **편집인** 박숙정
편집주간 배수원
편집 전지운 박진영 고영완 문자영 이은경 김지아 김은중 김인혜 김효성
디자인 이혜경 김순수 전성연 이설아
디자인 진행 Cha-E & Nov.
해외저작권 황인빈 | **마케팅** 이희영 이재균 박진옥 정민영 양봉호 강점원 윤진경
제작 안해룡 박상현 김일환
사진제공 권태균
등록번호 제 406-2003-036호 | **등록일자** 1979. 5. 17.
주소 경기도 파주시 교하읍 문발리 파주출판단지 515-1 (우 413-756)
전화 마케팅부 031-955-3102 편집부 031-955-3113~20 | 팩스 031-955-3111

ⓒ 2010 박영규, 백명식
이 책의 저작권은 저자에게 있습니다.
저자와 출판사의 허락 없이 내용의 일부를 인용하거나 발췌하는 것을 금합니다.

값은 표지에 있습니다.
ISBN 978-89-349-4185-9 73900
ISBN 978-89-349-1949-0 (세트)

좋은 독자가 좋은 책을 만듭니다. 김영사는 독자 여러분의 의견에 항상 귀 기울이고 있습니다.
독자의견 전화 031-955-3112 | 전자우편 book@gimmyoung.com | 홈페이지 www.gimmyoungjr.com
어린이들의 책놀이터 cafe.naver.com/gimmyoungjr

우리역사 넓게보기

04 박영규 선생님의

조선 시대 환관들은 어떻게 살았을까?

왕의 그림자이며 궁궐의 심부름꾼, 환관 이야기

박영규 글 | 백명식 그림

주니어 김영사

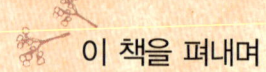
이 책을 펴내며

왕의 손발이었던 환관들의 숨겨진 역사

　환관이란 흔히 '내시'라고 불리는 역사 속 존재들입니다. 하지만 내시와 환관은 다릅니다. 내시는 궁궐에서 임금님을 보필하는 관직을 가진 관리를 뜻하고, 환관은 이들 내시들 중에 아주 특별한 부류들이었으니까요. 그러므로 환관은 내시의 일부일 뿐 모든 내시가 환관이었던 것은 아니랍니다. 적어도 고려 시대까지는 환관이 아닌 내시도 많았답니다.

　환관이란 아이를 낳을 수 있는 생식기가 없는 내시를 가리키는데, 이런 환관 제도는 원래 중국에서 생긴 것입니다. 옛날 중국에서는 궁녀들을 보호하기 위해 궁궐에서 일하는 남자들의 생식기를 모두 없애 버렸는데, 그들이 바로 환관이었던 것이죠.

　이런 환관 제도가 우리나라에 도입된 것은 삼국 시대 때입니다. 하지만 우리나라는 남자의 생식기를 잘라 내는 '궁형'이라는 형벌이 없었기 때문에 어릴 때 사고로 생식기를 잃은 사람을 궁궐에 데려와서 임금의 심부름꾼으로 부렸습니다.

　이런 환관 제도는 고려 시대에 와서 크게 확대됩니다. 특히 원나라가 고려를 지배했던 시기에 많은 환관들이 생겼지요. 당시 원나라를 고려에 많은 궁녀와 환관을 바치라고 요구했고, 그런 원나라의 요구를 들어주기 위해 고려에서도 환관을 모집해 원나라에 보냈던 것입니다. 그 때문에 고려에도 환관이 많이 늘었습니다. 그리고 조선이 건국되었을 때에는, 모든 환관들이 내시의 일을 모두 대신하게 되었습니다. 말하자면 내시와 환관이 동일하게 취급되기 시작한 때는 조선 시대부터라는 것입니다.

그러면 환관들은 무슨 일을 했을까요? 환관은 임금님의 명령을 승정원에 전달하는 일부터 궁궐의 창고 관리, 잡다한 심부름, 궁궐 청소 등등 궁궐 안에서 생활하는 왕과 왕실 사람들의 사생활에 도움을 주는 역할을 했습니다. 그리고 때론 정치나 권력에 깊숙이 관여하여 권세를 누리기도 했답니다.

사실, 환관들은 얼핏 보면 궁궐의 심부름꾼 정도로밖에 보이지 않지만, 역사를 자세히 들여다보면 그들의 힘이 막강했다는 것을 알 수 있습니다. 환관 중에 가장 높은 사람이 상선인데, 상선의 벼슬은 요즘 차관 벼슬에 해당하는 종2품이었고, 때론 1품 벼슬을 받는 환관도 있었거든요.

심지어 고려 시대에는 환관이 왕을 세우기도 하고 바꾸기도 했답니다. 중국에서는 환관이 황제를 꼭두각시로 만들어 놓고 자신들이 나라의 권세를 좌우하기도 했을 정도였으니까요. 그 때문에 역사 기록에는 환관에 대해서 좋게 기록한 내용이 별로 없습니다. 하지만 환관들이 반드시 나쁜 일만 했던 것은 아니에요. 사실, 대다수의 내시들은 힘없고 착하고 불쌍한 사람들이었습니다. 그리고 그들 중에는 왕을 대신해서 목숨을 잃은 사람도 있고, 전쟁 때에 장수로 출전하여 수많은 적군을 물리친 영웅도 있었으며, 신하들이 무서워서 벌벌 떠는 폭군에게 옳은 소리를 하다가 왕이 쏜 화살에 맞아 죽은 사람도 있습니다.

그리고 이런 환관들에게도 가정이 있었고, 아내도 있었으며, 자식도 있었습니다. 뿐만 아니라 환관 집안의 족보도 남겼습니다.

이 책은 그런 환관들이 어떻게 해서 환관이 되었고, 어떤 일을 했으며, 어떤 인물들이 있었는지 기록해 여러분의 역사 이해에 도움을 주기 위해 썼습니다. 그런 만큼 이 책을 통해 여러분들이 우리 역사를 좀 더 세세하고 정확하게 아는 계기가 되길 바랍니다.

2010년 10월 박영규

 차례

조선 시대 환관들은 어떻게 살았을까?

이 책을 펴내며 4

제1장 환관은 어떤 사람들일까?

환관 제도는 언제 어떻게 생겼을까? 10

환관은 어떤 일을 했을까? 19

환관은 어떻게 교육받고 생활했을까? 43

제2장 우리 역사를 뒤흔든 환관들

환관 정치를 대표하는 정함 60

재상보다 힘이 강했던 최세연 68

왕을 바꾸려 했던 이숙 81

고려의 국호를 지킨 방신우 92

왕보다 높았던 환관 고용보 100

조선의 환관 제도를 정착시킨 김사행 110

단종을 끝까지 지켰던 엄자치 118

연산군의 학정을 꾸짖다 살해된 김처선 128

막강한 권력을 휘두른 공신 박한종 138

영조의 최대 정적 박상검 149

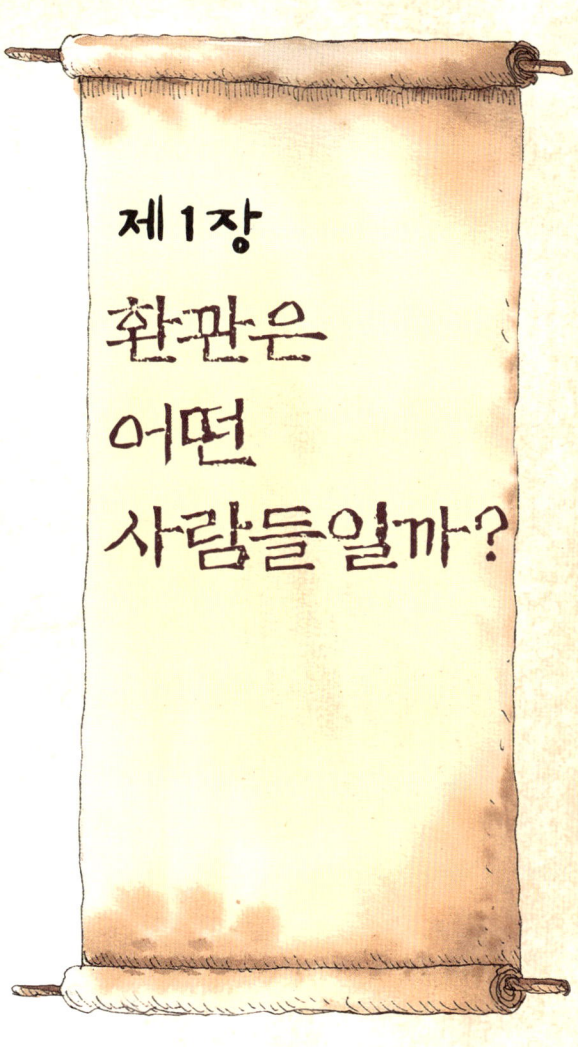

제1장
환관은 어떤 사람들일까?

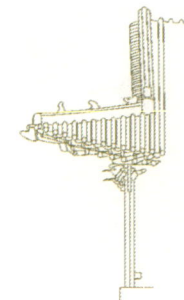

환관 제도는 언제 어떻게 생겼을까?

환관은 어떤 사람일까?

사극을 보다 보면 꼭 등장하는 사람들 중 하나가 환관이지요? 그렇다면 환관은 어떤 사람일까요? 환관(宦官)이란 우리나라에서 흔히 '내시'라고 불리는 사람들을 말합니다. 내시는 궁궐 안에서 왕과 왕실 사람들의 시중을 드는 남자인데 '내관'이라고도 부른답니다. 내관이란 궁궐에서 일하는 관원이라는 뜻이니까, 내시를 조금 높여서 부르는 말이겠지요?

그렇다면 '환관'은 무슨 뜻일까요? 환관도 내관처럼 궁궐에서만 일하는 관원입니다. 하지만 환관과 내관은 좀 달라요. 내관은 궁궐에서 일하는 남자 관원 모두를 가리키지만, 환관은 어떤 특징을 가진 내관들만 가리킨답니다.

그렇다면 환관은 어떤 특징을 가진 내관들일까요?

환관은 생식기가 없는 내관들을 말합니다.(생식기가 없는 사람들을 '고자'라고 해요.) 생식기란 음경과 음낭을 합쳐서 부르는 말이에요. (음경은 우리말로 '고추'라고 하고, 음낭은 '불알'이라고 하지요.) 즉 환관은 궁궐에 근무하는 관원으로서 고추와 불알이 없는 남자를 가리킨답니다.

그런데 내시와 환관은 왜 다르냐고요? 여러분은 내시가 모두 환관인 줄 알고 있지요? 하지만 그렇지 않답니다. 우리나라 역사에서 모든 내시가 환관이었던 때는 조선 시대뿐입니다. 조선 시대 이전, 즉 고려 시대까지는 일반 관리들도 내시 직책을 가졌거든요. 그러니까 요즘 청와대에서 일하는 사람들처럼 말입니다.

고려 시대까지 내시들은 대부분 일반 관원이었고, 아주 일부만 환관이었습니다. 그 환관들은 대부분 태어나면서부터 고자이거나 아니면 어린 시절에 사고를 당해 고자가 된 사람들이었습니다. 그러니 자

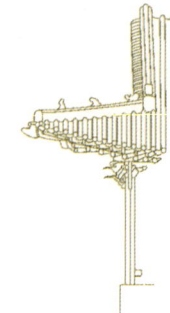

연히 숫자가 얼마 되지 않았겠지요?

하지만 고려 말에 원나라에서 환관을 보내 달라고 하자, 억지로 고자를 만들어 보내게 되었고, 그 때문에 환관의 수가 늘어나기 시작했던 것입니다. 그리고 조선 시대에 와서는 내시를 환관들로만 채웠답니다. 그래서 여러분은 내시와 환관이 똑같다고 알고 있는 것입니다. 이제 환관이 어떤 사람이며 환관과 내시의 차이점을 알았으니, 좀 더 자세한 내용들을 살펴보도록 하겠습니다.

환관은 왜 생겼을까?

환관은 언제 어디서 생겨났을까요? 환관이라는 존재가 우리나라 또는 중국에만 있었던 것으로 아는 사람이 많습니다. 하지만 환관은 의외로 많은 나라에 있었답니다.

환관은 아프리카와 유럽, 아시아 대륙의 수많은 나라들의 역사에서 쉽게 찾아볼 수 있어요. 특히 광대한 영토를 가졌던 대제국에서는 예외 없이 환관 제도를 뒀습니다. 아프리카의 고대 왕국 이집트와 유럽의 대제국 로마뿐만 아니라 그리스, 프랑스, 이탈리아 그리고 아시아의 터키, 인도, 중국, 우리나라가 모두 환관을 두었지요. 이처럼 환관은 지중해 연안에서 아시아 대륙에 이르는 대부분의 지역에 있었던 제도입니다. 특히 왕이 절대 권력을 휘둘렀던 나라일수록 환관 제도가 발달했답니다.

하지만 일본에는 환관이 없었어요. 일본에서는 환관 제도를 정착시킬 만큼 왕조 제도가 무르익지 못했기 때문이지요. 일본은 왕실보다는 장수들이나 귀족들이 권력을 장악했기 때문에 환관이 들어설 여지가 없었던 거랍니다.

　그러면 왜 수많은 제국에서는 환관이란 존재를 만들었을까요? 그것은 바로 왕의 여자들 때문이었습니다. 어느 나라를 막론하고 왕들은 거대한 궁궐을 짓고 숱한 여인들과 함께 생활했지요. 이 때문에 혹시 다른 자들이 자신의 여인을 넘볼지도 모른다는 불안감에 시달렸습니다. 전통적으로 왕위는 아들에게 물려주는 것이 왕조 사회의 계승법칙이었는데, 만약 자신의 여자가 다른 남자의 아들을 갖는다면 자칫 왕의 아들이 아닌 자에게 왕위를 물려줄 수도 있기 때문이었습니다. 이 불안감을 없애기 위해서 왕은 궁궐의 여인들이 왕 외의 어떤 남자도 만날 수 없게 해야 했답니다. 그때문에 궁궐을 바깥 세계와 완전히 차단시켰던 것입니다. 담장을 높게 하고, 거대한 대문을 만들고, 수많은 군사들로 하여금 궁궐을 지키게 했던 것이지요.

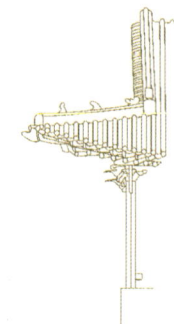

하지만 문제가 있었습니다. 그렇다면 궁궐 안의 여인들은 누가 지켜 주며, 누가 그들의 시중을 든단 말인가요? 후궁들을 섬기는 일이야 궁녀가 하면 되겠지만, 여인들을 보호하는 일은 누가 한단 말인가요? 군대로 하여금 여인들을 지키게 한다면, 군인과 궁궐의 여인들 사이에 어떤 일이 벌어질지 알 수 없잖아요? 그렇다고 여군을 만들 수도 없는 노릇이었어요. 그런 고민 끝에 생겨난 것이 바로 환관이었습니다. 남자이지만 남자가 아닌 사람으로 하여금 궁궐의 여인을 지키게 하고, 왕실 사람들을 보호하면서 잡다한 궁궐 안의 업무를 처리하도록 했던 것입니다.

환관이 될 수 있는 자격은 무엇일까?

그렇다면 어떤 사람이 환관이 되었을까요?

이 질문에 대한 답은 환관 제도가 가장 먼저 발달하고 성행했던 중국의 역사에서 찾을 수 있습니다. 환관이 생긴 것은 '궁형'이라는 형벌 제도 때문입니다. 궁형은 죄를 지은 남자를 고자로 만들어 버리는 형벌인데요. '궁형'이라고 부르는 이유가 두 가지 있습니다. 첫째는 사람 몸속에 있는 태아의 궁(집)을 없애기 때문이고, 두 번째는 이 형벌을 받은 뒤에는 궁궐에 들어가 노비로 살아야 했기 때문이지요.

한나라 시대의 사관이었던 사마천이 쓴 《사기》에는 궁형이 하나라 이전의 요순시대에 법으로 정착되었다고 기록되어 있습니다. 그러니까 지금으로부터 4000년 전에도 궁형이 있었다는 것이지요. 그것은 곧 환관이 4000년 전에도 있었다는 뜻입니다.

그렇다면 어떤 사람이 궁형을 받았을까요? 궁형을 받았던 첫 번째 대상은 전쟁 포로였습니다. 그들은 전쟁에서 포로로 붙잡힌 뒤에 궁형을 당하고 남의 나라 궁궐에서 노비 생활을 했습니다. 이들뿐만 아니라 남의 아내를 탐냈거나 남의 여종을 탐낸 사람들도 궁형을 당했지요. 심지어 임금에게 잘못 보인 신하나 죄를 지은 관리도 궁형을 당했습니다. 사실 《사기》를 쓴 사마천도 궁형을 당한 사람 중의 하나였습니다.

이렇듯 환관들은 처음엔 관원이 아니라 노비일 뿐이었어요. 그러다가 고자들이 점차 궁궐 일을 하게 되었고, 그 때문에 내시들을 환관들로 채워 갔던 것입니다. 그런데 세월이 흐르면서 환관의 힘이 강해졌지요. 환관은 임금 곁에서 자질구레한 일들을 모두 시중들었습니다. 신하들에게 임금의 말을 전하기도 하고, 임금의 심부름으로 지방 제후들에게 다녀오기도 했으며, 다른 나라에 사신으로 파견되기도 했습니다. 그러니 당연히 환관들의 힘이 강해졌겠지요? 이렇게 되자, 멀쩡한 사람들이 출세하기 위해 돈을 주고 고자 수술을 하여 환관이 되기도 했습니다. 심지어 환관을 뽑는 시험도 생겼답니다.

중국 명나라 시절에는 환관만 해도 10만 명이 넘었습니다. 또 환관 시험에서 떨어진 사람들이 마을을 이루고 살았는데, 인구가 수십만 명이나 되었다고 하니 놀랍지요?

환관은 이렇게 처음에는 전쟁 포로나 죄인들이 궁형을 받고 궁궐에서 노예로 살았던 사람들이었지만, 나중에는 권력을 쥐고 흔드는 엄청난 권력자로 바뀌게 되지요. 그래서 중국의 역사에서는 환관을 빼놓고는 아예 이야기할 수 없을 지경이랍니다.

우리나라에는 언제부터 환관이 있었을까?

우리 역사에서 환관에 대한 최초의 기록은 《삼국사기》 '신라본기'에 있답니다. 흥덕왕이 즉위한 826년의 기록이 그것입니다.

흥덕왕 원년 12월에 왕비 장화부인이 죽자, 왕이 왕비를 잊지 못해 슬픔에 싸여 침울해 했다. 여러 신하들이 글을 올려 새 왕비를 맞이할 것을 청했는데, 이에 대해 왕이 이렇게 말했다.

"외짝 새도 제 짝을 잃은 슬픔에 젖거늘, 하물며 훌륭한 배필을 잃었는데 어떻게 무정하게도 금세 다시 장가를 든다는 말인가?"

그렇게 말하고는 끝내 따르지 않았다. 또한

> 시녀들까지 가까이 하지 않았으며, 오직 좌우의 심부름꾼은 환수(宦竪)뿐이었다.

여기에 나오는 '환수'가 바로 환관입니다.

그렇다면 신라 시대에도 환관이 있었다는 뜻이겠지요? 그러나 불행하게도 《삼국사기》에서 환관의 존재를 확인할 수 있는 기록은 이것뿐입니다. 내관이나 내시에

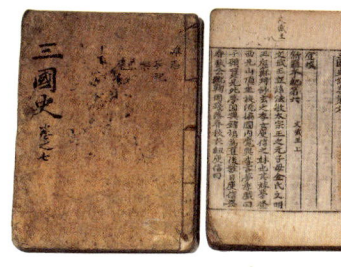

삼국사기
고려 인종 23년에 김부식이 왕명에 따라 펴낸 역사책. 신라, 고구려, 백제의 역사를 기전체로 적었다.

관한 기록은 몇 군데 보이지만, 왕의 비서일 뿐 환관은 아니었답니다. 따라서 고구려, 백제, 신라 중에서 환관의 존재를 확인할 수 있는 유일한 나라는 신라뿐이며, 그나마도 흥덕왕 대의 기록이 전부인 셈입니다. 우리 역사에서 내관이 환관들로만 이루어진 시기는 조선 시대부터이고, 고려 시대의 환관은 내시부의 한 부분으로서만 존재했습니다. 그러므로 신라 시대의 환관들도 내시부의 한 부분으로 존재했을 테고, 그 수도 아주 적었을 거예요.

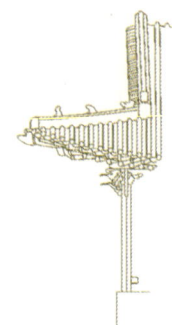

　신라 흥덕왕 이후에 환관에 대한 기록이 다시 나타난 것은 고려 제 11대 문종 때입니다. 《고려사》에서 문종 시대 이제현의 덧붙이는 글을 보면, 문종의 검소한 생활을 예찬하며 "환관과 급사를 십여 명밖에 두지 않았다."는 기록이 나옵니다. 이 기록을 뒤집어 생각해 보면 문종 이전의 왕들은 문종보다 환관들을 더 많이 뒀다는 뜻이 되겠지요? 이것은 고려 초부터 문종 이전까지 약 100년 동안에 환관이 있었다는 것을 말해 주고 있습니다.

환관은 어떤 일을 했을까?

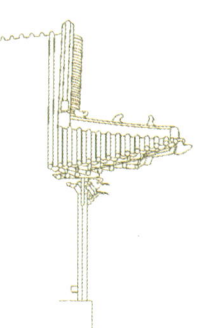

중국 환관의 조직과 역할

중국의 환관들은 우리나라 환관보다 훨씬 많은 일을 했으며, 많은 권력을 가지고 있었습니다. 그러면 중국 환관들은 어떤 임무를 맡았을까요?

그들은 궁궐의 문을 지키고 문을 열고 닫는 것을 관리하고 감독했습니다. 즉 궁궐에서 경호원 노릇을 했던 것이지요. 환관들은 임금과 궁궐에 머무르는 왕족들을 보호하고 섬기는 임무를 맡았습니다. 물론 임금을 호위하는 것은 금위군이 맡고 있었습니다. 그러나 금위군은 궁궐 바깥의 궁성을 호위하는 임무를 맡았을 뿐이고, 임금과 왕족의 생활공간에 대한 호위는 환관이 맡았던 것이지요. 일반 군인은 임금의 사생활 공간으로는 한 발자국도 들어올 수 없었던 것이 당시 법이었습니다.

환관의 임무는 오직 궁궐 문을 지키는 데 그치지 않았습니다. 환관

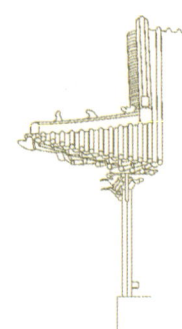

의 가장 기초적인 임무는 왕과 왕족들의 심부름꾼 역할이었으니까요. 자세한 역할로는 왕명을 전달하는 것에서부터 임금의 밑을 닦는 역할까지 참으로 다양했습니다. 그 역할 중에서 궁궐 내부의 공사를 감독하거나 필요한 물품을 사들이는

일, 음식이나 옷을 만들고 그 과정을 관리 감독하는 일이 중요했습니다. 거기다 수만 명에 이르는 궁녀들을 관리하고, 수백 명의 후궁들을 보호하며 시중드는 것도 환관의 몫이었답니다. 만약 환관들이 이 일을 하지 않으면 궁궐이 마비될 것은 불을 보듯 뻔했지요.

이렇듯 환관의 업무가 더할 수 없이 중요하다 보니, 환관의 숫자도 적게는 수천에서 많게는 수만 명에 이르렀습니다. 그리고 시대가 지나면서 환관의 숫자는 점차 늘어났을 뿐만 아니라, 환관의 임무도 엄청나게 늘었지요. 그 때문에 환관을 개인 집에서 노비 부리듯 주먹구구식으로 관리해서는 궁궐이 제대로 운영될 리가 없었습니다. 심지어 신하를 크게 둘로 나눠 환관들을 내신(內臣)이라 하고, 조정의 신하들을 외신(外臣)이라 부를 지경에 이르렀으니까요. 그러므로 궁궐 일을 하는 수

많은 환관들이 거대한 조직으로 커 가는 것은 당연했답니다.

그러면 환관은 어떤 조직을 만들어 냈을까요? 중국 역사상 환관들이 가장 많았던 명나라 때의 환관 조직을 한번 살펴볼게요.

명나라 말기의 환관 유약우는 학문이 깊어서 궁정 내부의 실정을 상세하게 기록한 《작중지(酌中志)》라는 책을 남겼는데, 이 책에서 환관 조직을 매우 자세히 기술하고 있습니다.

《작중지》에 따르면 명나라 환관 조직은 12감(監) 4사(司) 8국(局)으로 구분했는데, 이것을 '24아문(衙門)'이라 불렀습니다. 아문이란 다른 말로 '관청'이란 뜻이었지요.

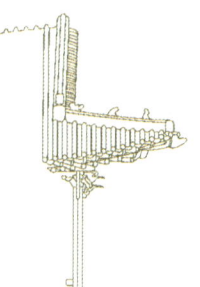

12감	역할
내관감	궁궐과 왕실의 토목이나 건축 공사, 궁궐에서 사용하는 구리, 놋쇠, 철, 나무 등의 재료로 만든 기구를 공급하고 관리함.
어용감	황제가 쓰는 가구나 오락 기구를 담당함.
사설감	황제가 순행할 때 필요한 천막이나 우산 등의 용품을 책임짐.
어마감	말이나 코끼리를 관리함.
신궁감	신궁(神宮), 즉 역대 황제들의 신위를 모신 태묘를 관리함.
상선감	황제의 수라와 연회, 제사 등에 쓰이는 음식을 맡음.
상보감	황제가 사용하는 도장을 담당함.
인수감	사령장이나 공문서를 보관함.
직전감	편전의 청소를 담당함.
상의감	황제의 의복을 관리함.
도지감	황제가 바깥에 행차할 때 그곳의 도로를 관리하고 호위함.
사례감	조정 대신들을 감시함.

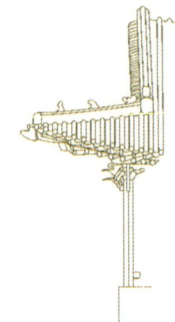

이들 12감의 각 우두머리를 '태감(太監)'이라 합니다. 그래서 환관을 높여서 부를 때에는 태감이라고 부릅니다. 태감은 정4품 관직으로 그다지 높은 벼슬은 아니었지만, 태감의 권력은 재상에 못지않았답니다. 그만큼 막대한 힘을 휘둘렀던 것이지요.

다음으로 4사는 어떤 일을 했던 관청이었을까요?

4사	역할
석신사	궁정에서는 사용하는 땔나무를 취급하고, 궁정의 도랑이나 하수구를 관리함.
종고사	황제가 행차할 때에 음악을 연주하고 길을 안내함.
보초사	환관들의 화장실에 쓰이는 휴지를 만듦.
혼당사	환관들의 전용 목욕탕을 관리함.

이렇듯 4사의 임무는 보잘것없었습니다. 그 때문에 12감에 비하면 별 볼일 없는 관청일 수밖에 없었겠지요? 마지막으로 8국에 대해 알아볼까요?

8국	역할
병장국	무기를 제조하는 곳
완의국	궁궐에서 일하던 자들이 마지막 생을 보내는 곳
은작국	은으로 된 하사품을 만드는 곳
건모국	환관의 모자를 만드는 곳
침공국	환관의 관복을 만드는 곳
내직염국	비단을 염색하는 곳
주작면국	환관과 궁녀들을 위해 술과 밀가루를 만드는 곳
사원국	야채를 재배하는 곳

이렇게 아문의 역할을 보고 알 수 있듯이 환관의 주요 업무는 12감에서 맡고, 나머지 보조 업무는 4사와 8국에서 맡았습니다. 따라서 환관들이 선호하는 곳은 당연히 12감이었으며, 4사와 8국은 인기 없는 관청이었지요.

24아문 외에도 경사방이나 동창 같은 특수한 환관 조직도 있었습니다. 경사방(敬事房)은 명나라에서 황제의 후궁 문제를 전담하는 환관 기구였습니다. 그래서 이들은 황제가 선택한 후궁을 황제의 침실로 보내는 역할을 했지요.

동창(東廠)은 명나라 때의 비밀경찰을 지휘하던 환관 조직이었습니다. 명나라의 비밀경찰 조직은 금의위나 북진무사 등이 맡았는데, 이 조직을 환관 조직의 2인자 격인 병필태감이 지휘했던 것입니다.

비밀경찰의 임무는 관리와 신하들의 비리를 캐내고 역모 혐의를 잡아내는 데 있었는데, 비록 상대가 대신이라고 해도 체포할 권한이 있었습니다. 그래서 병필태감의 권력은 재상도 부럽지 않을 정도였답니다.

고려 환관 조직의 성장과 조직화

고려의 환관 제도는 신라로부터 이어져 온 것입니다. 하지만 신라의 환관 조직이 어떤 형태를 띠고 있었는지는 기록된 게 없답니다. 다만 신라에는 환관의 숫자가 극히 적었기 때문에, 환관들은 내시부에 속했을 것이고 고려도 이 제도를 이어받은 것으로 보입니다.

고려 초에 환관이 어떤 임무를 맡았는지는 《고려사》 '열전'의 환자 편 기록에서 알 수 있습니다.

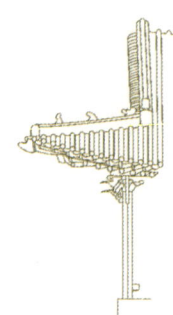

> 고려는 거세하는 형벌을 쓰지 않았으므로, 어렸을 때 개에게 물린 자는 모두 환자(환관)가 되었다. 그러나 그들은 궁궐 안이나 궁궐의 옥에서 일했을 뿐 조정의 관원은 되지 못했다.

남자의 성기를 자르는 궁형을 형벌로 두지 않았던 고려는 일부러 환관을 만들지는 않았습니다. 그런 탓에 환관의 숫자는 아주 적었지요. 그래서 고려 중기까지만 해도 고려의 환관들은 왕이나 왕비, 후궁들의 심부름을 하는 정도였습니다. 그리고 때로는 궁궐 안의 감옥을 관리하는 일을 하기도 했습니다. 하지만 이때까지만 해도 환관에게는 정식으로 관직을 내리지 않았기 때문에 조정의 관원은 아니었답니다.

하지만 제18대 고려 의종 대에 이르러 고려의 환관 조직은 큰 힘을 얻게 됩니다. 이것은 의종이 환관 정함을 합문지후 벼슬에 임명하면서 생긴 변화였습니다. 합문지후는 조회와 궁궐의 행사를 담당하는 정7품 문관 벼슬이었지요. 그런데 환관 정함이 이 벼슬에 오르면서 이제 환관이 조정의 정식 관원이 된 것입니다.

의종이 환관을 합문의 관원에 임명한 것은 환관의 힘을 강화시켜 자신이 신하들의 간섭에서 조금이나마 벗어나려고 했던 본뜻이었습니다. 그러니 신하들은 당연히 정함의 벼슬을 빼앗아야 한다고 주장했지요. 그러나 의종은 밥을 굶으면서까지 버텼고, 결국 정함을 합문지후에 임명하는 데 성공했습니다.

이후 의종은 신하들과 거리를 두고 조정 회의에 잘 나가지 않았고, 필요한 일이 있으면 환관들을 통해 조정에 알렸습니다. 또 신하들의 말도 모두 환관들을 통해 전해 들었지요. 이런 까닭에 환관의 힘은 더욱 세졌고, 환관의 우두머리였던 정함은 왕광취, 백선연 같은 환관들을 키워 세력을 더욱 키웠습니다.

정함이 죽은 뒤에는 백선연이 의종의 후궁 무비의 도움을 받아 많은 권력을 쥐었지요. 이때 의종은 정부의 대신들을 제쳐두고 환관과 내시부 관원들과 정치 이야기를 했답니다. 또 의종은 그들과 함께 자주 궁궐 밖으로 나가 잔치를 벌였습니다. 의종의 그런 행동은 왕을 호위하던 금위병들에게 매우 고통스러운 일이었어요. 왕이 바깥 나들이를 자주 나가는 바람에, 금위병들은 왕을 호위하느라 제대로 쉴 수가 없었기 때문이었지요. 이것이 원인이 되어 급기야 정중부 등의 장수들이 반란을 일으켰고, 결국 의종은 죽음을 맞이하게 됩니다.

무신 세력의 반란 이후, 환관의 우두머리였던 왕광취 등은 반란 세력을 궁궐 안으로 끌어들여 죽이려고 했습니다. 그러나 실패로 끝나면서 환관의 무리는 거의 다 죽었고, 무신 정권 시절 동안에 환관은 아무런 힘도 가질 수 없었습니다. 의종이 쫓겨난 뒤 약 100년 동안 무신 정권이 이어졌는데, 무신들이 환관들을 매우 싫어했던 탓에 무신 정권 시대에는 환관에 대한 기록조차 찾기 힘들 정도가 되었지요.

환관이 다시 세력을 만들었던 것은 무신 정권이 몰락하고, 고려가

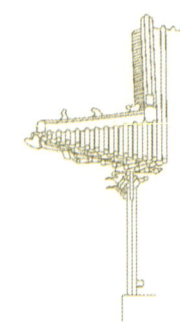

원나라의 지배를 받으면서부터였습니다. 원나라는 정복한 나라에서 환관들을 뽑아 갔는데, 고려의 환관들도 뽑혀 가 원나라 궁궐에서 일했습니다. 이때 원나라에 환관으로 간 자들은 대부분 노비 출신이었는데, 그들 중에는 출세를 위해 스스로 환관이 된 자들이 많았습니다.

이렇게 원나라로 떠난 환관들 중에는 그곳에서 태감 벼슬을 하며 막대한 권력을 얻은 사람도 있었습니다. 박불화 같은 환관은 고려 사람이면서도 원나라 황실을 좌지우지했다고 해요. 심지어 원나라 역사를 담은 《원사》의 환자 열전에 실릴 정도로 크게 출세했던 인물이었습니다. 또 이숙, 임백안독고사, 방신우, 이대순, 고용보 등은 원나라 황실을 섬기며 출세했던 대표적인 환관들이었는데, 그들은 고려에 오면 재상들을 자기 부하처럼 다룰 정도였답니다.

이렇게 환관들의 영향력은 때로는 왕권보다 강하기도 했습니다. 재

상을 세우고 쫓아내는 일조차 환관의 지시로 이뤄지는 일도 많았고, 심지어 환관이 왕을 세우기도 했으니까요. 방신우 같은 환관은 고려의 국호를 없애려는 원나라 조정의 계획을 무마시키는 등 고려 조정의 모든 벼슬아치들이 하지 못하는 일을 해내기도 했답니다.

이렇게 되면서 고려 조정에서 환관의 힘이 더욱 커졌고, 이것이 환관의 수를 크게 늘리는 결과를 낳았습니다. 수가 늘어난 환관은 점차 내시부를 손에 넣었고, 원나라 말기에 이르러서는 아예 환관들이 내시부를 독차지해 버렸답니다. 그러나 원나라가 몰락하면서 환관의 힘은 조금씩 약해졌지요.

원나라로부터 벗어나려는 정책을 실시하고 국토 회복에 힘을 쏟던 공민왕 시절에는 환관들도 친원파와 반원파로 갈라져 싸웠습니다. 또 이들은 북쪽에서는 홍건적이, 남쪽에서는 왜구가 쳐들어오던 시절에는 칼을 들고 외적과 싸워 공을 세우거나 정치적인 혼란 속에서 왕을 위해 목숨을 버리기도 했답니다.

공민왕 시절의 환관 김현은 장수로 출전하여 홍건적 100명을 죽이는 성과를 올려 2등 공신이 되기도 했고, 안도적 같은 환관은 공민왕과 외모가 비슷해서 왕을 대신해 잠자리에 누워 있다가 희생되기도 했습니다. 이때 환관 이강달은 공민왕을 업고 달아나 왕의 목숨을 구하기도 했지요.

이렇듯 고려의 환관은 원나라의 지배를 받던 80여 년 동안 크게 성장했던 것입니다. 하지만 환관들의 조직은 아주 체계적이지는 않았습니다.

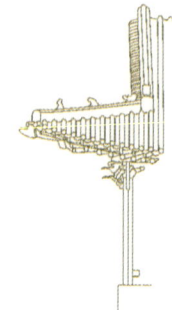

가장 이상적인 조선의 환관 조직

환관 조직을 안정시킨 김사행

조선을 건국한 이성계는 환관들의 조직을 체계적으로 만들기 위해 많은 노력을 했습니다. 당시 이성계를 도와 조선을 개국한 성리학자들은 환관의 문제점을 열거하며 환관 제도를 아예 없애자고 했습니다. 만약 환관을 둔다고 해도 아주 적은 숫자만 두는 것이 옳다고 주장했지요. 하지만 이성계는 이 주장을 받아들이지 않았답니다.

사실, 이성계가 조선을 건국할 당시에도 환관이 없으면 궁궐이 제대로 돌아가지 않았습니다. 만약 환관을 모두 궁궐에서 내쫓으면 궁궐의 잡다한 일들을 할 사람이 없었던 것이지요. 그렇다고 환관이 아닌 자들을 궁궐로 끌어들이는 것도 쉽지 않았습니다. 궁궐 안에서 생활하는 사람은 왕을 제외하고는 모두 여자와 어린아이뿐이었기에 혹시 환관이 아닌 남자들이 궁궐에서 일하다가 궁녀들과 연애를 할까 봐 두려웠던 것입니다. 게다가 조정의 관원들은 임금의 심부름만 하는 것이 아니라 옳고 그름을 따지는 사람들이었습니다. 그런 탓에 관원들을 임금 마음대로 부릴 수 없던 것입니다. 하지만 환관들은 말을 잘 들어 입안의 혀처럼 구는 맛이 있었지요.

이성계
조선 1대 왕 태조의 초상화이다.

거기다 급한 상황에서는 왕을 지켜 줄 수 있는 유일한 사람들이기도 했습니다.

이성계도 왕이 되기 전에는 환관의 그런 필요성을 절실히 깨닫지 못했습니다. 그러나 막상 왕이 되고 보니, 환관 없이는 불편해서 살 수가 없을 것 같았지요. 더구나 새롭게 섬기게 된 명나라에서는 환관을 보내라고 요구하면서 명나라 환관을 사신으로 보내기도 했답니다. 그들 사신을 접대하자면 조선에도 환관이 있어야 하겠다고 판단했던 것입니다.

그러나 환관 조직을 크게 키우자니 그 때문에 생길 수 있는 문제를 생각하지 않을 수 없었지요. 환관 조직이 너무 크면 중국처럼 환관이 권력을 독차지하는 일이 벌어질 수 있었기 때문이지요. 이성계도 그 점을 잘 알고 있었습니다. 그야말로 환관 조직은 없으면 불편하고, 있으면 문제를 일으키는 그런 것이었습니다.

고민을 거듭했지만 이성계는 궁궐을 유지하고, 명나라와 좋은 관계

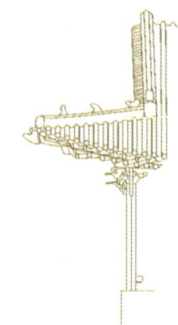

를 만들기 위해서는 환관이 필요하다고 판단했습니다. 그리고 환관이 정말 필요하다면 그들을 잘 관리하는 원칙을 세우는 것이 중요하다고 생각했습니다.

이성계에게 이런 생각을 일깨워 준 인물이 환관 김사행이었습니다. 김사행은 공민왕 대에 환관이 된 인물이었는데, 원나라 황실에서 일한 적도 있었습니다. 그는 우왕과 공양왕 시절에 내시부사로 있었고, 조선 건국기에는 이성계를 도와 조선 왕실을 세우는 데 많은 역할을 했습니다.

조선 왕조 건국 초기에는 고려의 제도가 무너졌고, 궁궐 내부의 예절과 관습도 제 모습을 잃었습니다. 이성계는 어떻게 해서든 왕실의 권위를 되찾고 궁궐의 풍속을 다시 세워야 했는데, 왕실의 제도를 훤히 꿰고 있던 김사행이 그 일에 딱 맞는 사람이었던 것입니다. 김사행은 원나라의 환관 제도와 고려의 환관 제도를 고려하여 합리적이고 이상적인 환관 제도를 구상했습니다.

원래 고려의 환관 제도는 환관을 궁궐의 심부름꾼 정도로 생각했기에, 그들의 권한이 약하고 역할이 많지 않았습니다. 또한 벼슬도 7품 이상 올라갈 수 없었답니다. 그러나 원나라가 지배하던 시절에 이르러서는 환관의 힘이 너무 강화되어 그 병폐가 막심했답니다. 이 때문에 우왕 시절에는 내시부가 아예 없어져 버렸습니다. 그 후 공양왕 때 내시부가 다시 생겼는데, 이때 내시의 벼슬은 6품까지 될 수 있었습니다.

김사행은 이를 적절히 조화시켜 내시부의 인원을 전부 환관으로 만들고, 궁궐의 모든 업무를 환관에게 맡기자고 태조에게 건의했습니다. 대신에 환관은 조정의 일에는 절대 나설 수 없도록 일과 권한을 제한시키자고 했습니다.

 하지만 고려 말부터 환관은 문신들로부터 심한 비판을 받아 왔습니다. 환관이란 원래부터 출세하기 위해 고자가 된 사람들이기에 기회만 있으면 재물을 탐하고 권력을 휘두르려는 경향이 있었고, 김사행도 예외는 아니었습니다. 그 때문에 1392년 12월에 사헌부 관원들이 김사행을 탄핵했고, 궁궐에 있는 환관들도 모두 내쫓아야 한다고 주장했습니다. 환관 제도 자체를 아예 없애자는 말도 나왔지요. 이에 대해 이성계는 단호하게 거부하고, 김사행과 환관 제도를 보호했습니다.
 이성계의 보호 아래 김사행은 환관 조직을 체계적으로 만드는 데

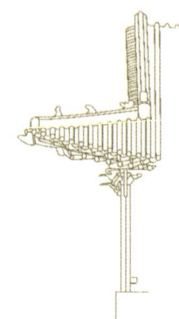

성공했고, 이것이 조선 환관 조직의 기틀이 되었답니다.

조선의 환관 조직, 내시부

김사행이 토대를 다진 조선의 환관 제도는 《경국대전》에서 그 완성된 모습을 찾아볼 수 있습니다. 책에는 환관들로 이루어진 부서가 내시부라고 나와 있는데, 그 임무와 구성을 이렇게 정리하고 있습니다.

> 내시부는 왕궁에서 음식물 감독, 명령 전달, 궁문 지키기, 청소 등에 관한 일을 맡는다. 인원은 모두 140명이며, 일 년에 네 차례 정기적으로 임무를 조정하고 인사를 단행한다.
> 내시부 관원의 4품 이하는 문무 관리의 출근일수 규정에 따라 품계를 올려 주고, 2품 이상은 임금의 특별한 지시가 있어야 올려 준다.

그리고 내시부 환관들은 정기적으로 시험을 쳤습니다. 이 때문에 공부를 열심히 해야 했는데, 공부는 35세가 될 때까지 계속되었답니다. 그리고 시험 결과에 따라 진급이 결정되곤 했습니다.

시험 성적은 통, 약, 조, 불 4등급으로 나누었는데, 성적에 따라 출

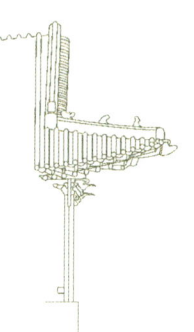
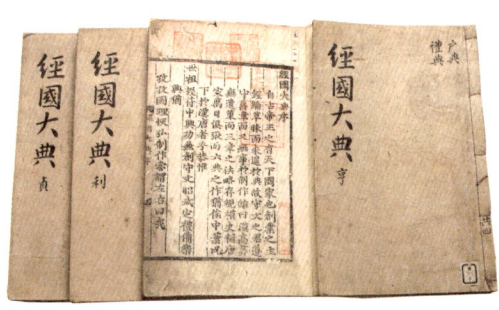

경국대전
조선 시대에 통치의 기준이 된 최고의 법전. 고려 말부터 조선 성종 초년까지 반포된 법령 등을 모두 담고 있다.

근한 날수를 다르게 계산하여 월급을 각각 다르게 주었습니다. 우수한 성적을 받으면 '통(通)' 등급을 주고 특별 출근일수 둘을 더해 줍니다. 말하자면 월급에 이틀치 특별 수당을 얹어 주는 것이지요. 그 아래 등급인 '약(略)'이면 특별 출근일수 하나를 더해 줍니다. 그리고 평범한 성적인 '조(粗)'이면 출근일수 반일을 더해 주었습니다. 하지만 성적이 나빠 '불통(不通)'이면 출근일수 셋을 뺐습니다. 즉, 월급에서 사흘치에 해당하는 돈을 깎아 버리는 것입니다.

환관들이 주로 공부하는 내용은 사서와 《소학》, 《삼강행실도》 등이었습니다. 사서(四書) 가운데서 하나를 골라 세 곳을 강론하여(뜻을 해설하며 토론하는 것) '통'을 맞으면 품계를 올려 주고 공부도 면제해 주었습니다. 사서 외에도 《소학》이나 《삼강행실도》에서 세 곳을 강론하여 다섯 부분을 '통'을 맞으면 역시 품계를 올려 주고 공부도 면제해 줬답니다.

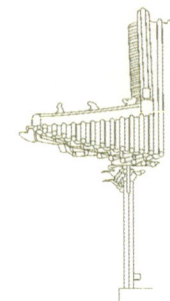

소학
중국 송나라의 유자징이 주희의 가르침으로 지은 교양서. 학문을 처음으로 배우기 시작한 사람들이 보는 책이다.

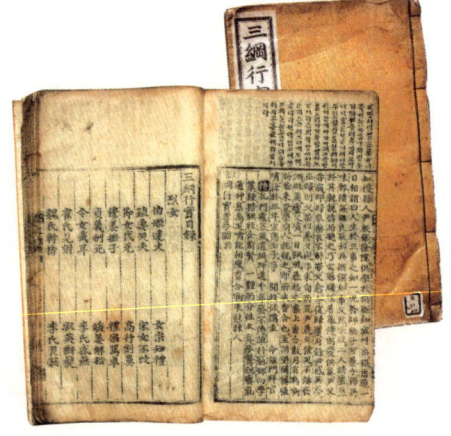

삼강행실도
우리나라와 중국의 책에서 충신, 효자, 열녀를 뽑아 칭찬한 책이다. 조선 시대 왕명을 받고 펴냈다.

이렇듯 환관들도 공부를 잘해야만 출세를 할 수 있었답니다. 그럼 환관들에게 내렸던 벼슬을 한번 살펴볼까요? 환관에게 내렸던 벼슬은 종9품에서 종2품까지 있었습니다.

종2품	상선 2명
정3품	상온 1명, 상다 1명
종3품	상약 2명
정4품	상전 2명
종4품	상책 3명
정5품	상호 4명
종5품	상탕 4명
정6품	상세 4명
종6품	상촉 4명
정7품	상훤 4명
종7품	상설 6명
정8품	상제 6명

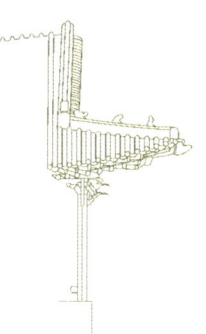

종8품	상문 5명
정9품	상경 6명
종9품	상원 5명

벼슬을 할 수 있는 환관의 수는 총 59명입니다. 하지만 때에 따라서 환관에게 정2품 벼슬이 내려지기도 했고, 각 품의 관원 숫자도 적거나 많았기 때문에 약 60명 정도의 환관이 관직을 가졌다고 보면 됩니다. 이 60명을 뺀 나머지 환관들은 벼슬이 없는 예비 관원들입니다. 예비 관원의 수는 약 80명인데, 이들은 관직이 생길 때까지 대기해야 합니다. 대기하는 동안에, 관원들의 업무를 보조하고 공부를 해야 하지요.

정순왕후가례도감(부분)
영조와 정순왕후의 혼례식을 그린 가례도감이다. 그림 속에서 내시들이 보인다.

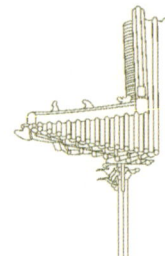

내시부 관원들의 임무는 무엇이었을까?

우선 내시부의 우두머리인 상선의 임무를 볼까요? 상선은 임금의 수라를 책임지는데, 상선이 2명인 까닭은 업무를 분담하고 서로 돌아가면서 당번을 서기 위해서였습니다. 상선 중 한 명은 수라간을 지휘하여 임금 및 중전, 대비 등의 수라를 챙기는 일을 하고, 나머지 한 명은 내시부사의 임무를 수행합니다. 내시부사는 내시부 전체를 관리하고 통솔하는 내시부의 우두머리입니다.

정3품인 상온과 상다는 궁궐에서 쓰이는 술과 차를 맡았고, 종3품인 상약은 말 그대로 약을 담당했기 때문에 내의원의 일과 연계되었답니다.

정4품인 상전은 임금의 명령을 승정원에 전달하는 역할을 했는데, 흔히 대전 승전색이라고 합니다. 대개 '대전 환관'이라고 불리는 자들이 바로 이 사람들입니다.

종4품인 상책은 3명인데, 매를 기르는 응방을 관리하는 직책이 하나 있고, 나머지 두 명은 '대전 섭리'라고 해서 임금이 필요한 문서나 책 등을 찾아오는 역할을 하고 주방이나 주연장 등의 관리도 맡습니다. 때문에 소주방의 상궁들은 모두 대전 섭리의 지시를 따라야 합니다. 왕비전의 명령을 전달하는 중궁의 비서 역할도 이들이 하지요.

정5품인 상호는 4명인데, 그 임무는 각각 다릅니다. 한 명은 대전의 응방이나 궁방에 배치되고, 나머지는 왕비전 주방 담당, 문소전(태조와 신의 왕후의 신전) 섭리, 세자궁의 장번 내시 등의 임무를 합니다. 장번 내시는 당번을 오랫동안 하는 내시로서 가끔 집에 다녀오는 기간을 빼고는 계속 궁궐에 머무르는데, 일종의 붙박이 내시라고 보면 돼요.

종5품 상탕은 모두 4명인데, 대전의 창고를 관리하는 상고 1명, 등촉방 다인 1명, 감농 1명, 세자궁 섭리 1명 등으로 구분되고, 정6품 상세 4명은 대전에 필요한 그릇을 관리하는 대전 장기, 화약방이나 왕비전 등촉방의 끼니를 담당하는 진지, 세자궁 주방, 빈궁의 섭리 등으로 구분되었습니다. 또 종6품인 상촉 4명은 대전, 왕비전 등의 문을 지키는 문차비, 세자궁의 등촉방, 왕비전의 잔치 등 잡일을 주관하는 장무 등으로 구분되었습니다.

그 외에 정7품 상훤은 세자궁의 문차비나 각 궁의 섭리, 문차비 등을 맡았으며, 종7품 상설은 궁궐의 각종 건축물의 보수나 증축을 담당했습니다. 정8품 상제, 종8품 상문, 정9품 상경, 종9품 상원 등은 궁궐 내부의 일꾼들을 관리하고, 문차비 명령을 받아 문을 지키는 등 잡다한 일이나 노비들을 부리는 일을 맡았답니다.

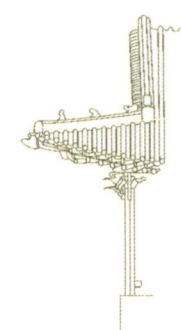

　이들 내시부에 대한 규찰은 승정원이 맡았는데, 그것은 내시들의 폐해를 막기 위한 조치였습니다. 또 원래 내시부의 벼슬은 4품을 넘지 않도록 하는 것이 원칙이었으나, 임금의 명령이 있을 때에는 3품 이상의 벼슬이 내려지기도 했답니다.

　고려 시대엔 내시부 판사가 정2품직이었는데, 조선에 와서 종2품으로 낮춰졌습니다. 그러나 고려 시대의 내시부 판사에는 환관이 아닌 문관이 임명되었고, 조선에 와서는 환관의 직책이 되었다는 점이 다릅니다. 또 고려에서는 환관에게 7품 이상의 관직을 내리지 않았고 고려 말엽에는 아예 벼슬을 내리지 않았지만, 조선에 와서야 내시부를 모두 환관으로 채우고 정식으로 벼슬을 내린 점도 다르지요. 따라서 겉으로 보기에는 내시부의 힘이 고려 때보다 약해진 것처럼 보이지만, 실제로는 환관의 벼슬이 보장되어 훨씬 안정되었다는 것을 알 수 있겠지요?

　조선은 환관의 벼슬을 높여 준 대신에 역할을 궁궐의 일에만 한정시켰습니다. 이것은 환관에게 낮은 벼슬을 내리고도 정치에 관련된 업무를 맡겼던 고려와는 반대였답니다.

　태조의 이런 정책은 환관들의 삶을 안정시키면서 환관의 폐해를 막는 이중 효과를 얻었지요. 덕분에 조선에서는 중국 역사에서 골칫거리로 여겨지던 환관의 권력 남용은 거의 찾아볼 수 없었답니다. 이것을 볼 때 조선의 환관 정책이 중국이나 고려보다 아주 뛰어났다는 것을 알 수 있습니다.

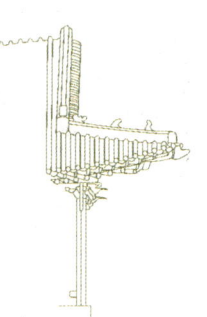

내시부의 노른자위, 내반원

흔히들 내시부가 궁궐 안에 있었다고 알고 있는데요, 사실은 그렇지 않습니다. 내시부는 지금의 청와대 옆 효자동 쪽에 있었답니다. 궁궐 바로 옆이긴 하지만 궁궐 안에 있지는 않았지요. 그 대신 내시부에서 궁궐 안으로 파견한 부서가 있었습니다. 바로 내반원이었어요.

내반원에서 일하는 내시들은 내시들 중에서도 가장 중요한 임무를 수행하는 사람들이었습니다. 그들이 왕이나 왕비, 세자를 모셨으니까요. 그래서 그들은 대부분 장번 내시였습니다. 장번 내시란 퇴근 시간이 되어도 집으로 돌아가지 않고 궁궐에 머무는 내시를 말합니다. 원래 대부분의 내시들은 당번일 때만 궁궐에 들어와 근무를 서는 출입번 내시입니다. 그러나 장번 내시는 궁에서 먹고 자면서 오랫동안 궁궐에 머물며 일했지요.

그러면 장번 내시는 궁궐 바깥으로 전혀 나가지 않았을까요? 그렇지는 않답니다. 장번 내시도 근무 기간이 지나면 며칠 동안 궁궐 밖으로 나갈 수 있었어요. 장번 내시도 결혼하고 가정도 꾸렸는데, 궁궐 밖에 전혀 나가지 못한다면 말이 안 되겠죠?

이런 장번 내시는 대개 20명 정도 되는데, 그 벼슬을 살펴보면 장기, 장무, 승전색, 승언색 등이 있었습니다. 장기는 문서나 기록을 담당했고, 장무는 궁궐 안에서 오가는 서류들을 챙기는 일을 했답니다. 그리고 승언색은 세자의 비서로서 동궁에서 심부름을 했고, 승전색은 왕이나 왕비의 비서로서 명령을 받고 전달하는 업무를 맡았습니다.

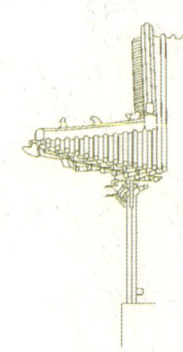

　이들 중에서 가장 권력이 강한 벼슬은 역시 승전색이겠지요? 승전색은 늘 임금을 모시고 있기 때문에 웬만한 정승도 함부로 하지 못했습니다. 심지어 정승들이 승전색을 집에 초대하여 잔치를 베풀어 주는 경우도 있었고, 권력을 이용하여 막대한 재산을 모으는 승전색도 많았습니다. 연산군의 승전색이었던 김자원은 정승보다도 힘이 강해서 막강한 권력을 휘두르기도 했답니다. 그래서 승전색이 욕심 많고 못된 사람이면 내시부가 매우 어지럽고 시끄러웠답니다. 내시부뿐 아니라 조정도 승전색 때문에 피해를 입을 수 있었지요.

　사극에서 대신들이 내시에게 함부로 반말을 하고, 아랫사람 부리듯이 대하는 모습들이 나오는데, 사실은 그런 일이 있을 수 없습니다. 내시에게 함부로 대하면 당연히 임금도 그 신하를 싫어하게 되기 때문에, 오히려 대신들은 내시들에게 잘 보이려고 했답니다. 그만큼 내시의 힘이 강했던 것이지요. 내시부의 우두머리인 상선의 벼슬이 지금의 차관에 해당하는 종2품이었던 것만 봐도 알 수 있는 일이지요?

환관은 어떻게 교육받고 생활했을까?

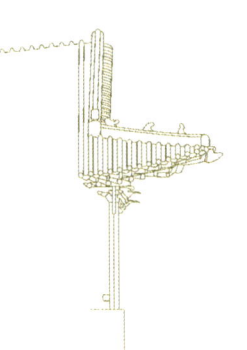

환관들을 교육했던 환관 학교

중국에서는 환관들에게 글을 가르치지 않았습니다. 환관이 글을 알면 정치에 참견하게 된다는 이유 때문이었지요. 환관의 중요한 임무 중에 하나가 임금의 명령을 조정에 전하는 것인데, 이때 환관은 두 가지 방식으로 왕명을 전했습니다. 첫째는 임금이 말한 그대로 토씨 하나 빠뜨리지 않고 조정에 전달하는 것이었고, 다른 하나는 임금이 내리는 글을 원본 그대로 조정에 전달하는 것이었지요. 이때에 뭔가 변조(권한이나 허락 없이 형상이나 내용을 변경하는 일)를 꾀했다가 들키기라도 하면 환관은 목숨을 잃거나 큰 벌을 받았습니다. 특히 글로 써서 내린 교지나 비답(상소문에 대한 임금의 대답 글)이 바뀌게 된다면 국가적인 중대 사건이 일어날 수도 있기 때문입니다. 그래서 환관에게 글을 가르치지 않은 것은 환관 마음대로 교지의 내용을 바꿔 버리는 사태를 미리 막기 위해서였지요.

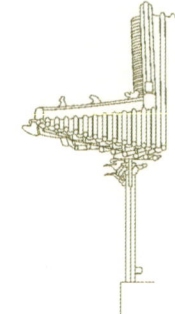

그러나 환관이 글을 모른다는 것은 환관을 부리는 임금의 입장에서는 결코 편한 일이 아니었겠지요? 그 때문에 글을 아는 환관을 특별히 좋아한 왕들도 꽤 있었지요. 진나라의 시황 같은 경우에는 환관 조고를 매우 신임했는데, 조고는 글을 아는 것을 넘어서 학문에도 매우 밝았다고 합니다. 시황은 조고의 그런 면을 좋아하여 자신의 막내아들 호해에게 법을 가르치게 했답니다.

한나라의 무제는 많은 문신들을 환관으로 만든 것으로 유명한데, 그중에는 《사기》의 저자 사마천 같은 사람도 있었습니다. 무제는 죄를 지은 문신을 환관으로 만든 뒤에 자신의 비서로 부리며 여러 모로 아주 중요하게 써먹었습니다. 심지어 조정에 내리는 비답조차 환관들에게 받아쓰게 했지요.

그리하여 명 황조 시절에는 아예 환관들을 가르치는 학교가 생겼는데, 이를 '내서당(內書堂)'이라고 했습니다.

환관이 내서당에 입학하는 때는 대개 10세 전후였습니다. 학생 수는 대개 300명 이하였고, 교사들은 모두 한림원의 학사들이었습니다. 학생들이 배우는 과목은 환관들의 내규에 해당하는 내령(내정의 규칙)을 비롯하여 《천자문》, 《효경》, 《논어》, 《대학》, 《중용》, 《맹자》 등이었고, 이 외에도 대표적인 시와 중국 백성들의 성씨도 배웠

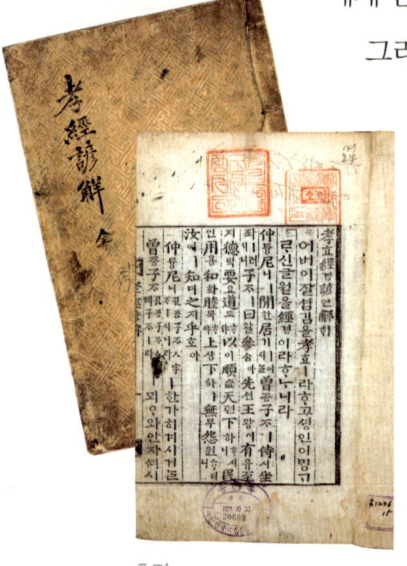

효경
공자가 제자인 증자에게 전한 효도의 내용을 적은 책이다.

습니다.

　시험은 암기, 읽기, 해석, 쓰기 등의 형태로 치러졌고, 성적이 나쁜 학생은 벌을 받아야 했지만, 성적이 좋은 학생은 좋은 환관 자리에 뽑혔습니다. 하지만 내서당에서 모든 환관들을 가르칠 수는 없었습니다. 명 황조 시절에는 환관의 수가 10만 명에 이르렀기에, 내서당에 입학할 수 있는 환관은 몇 안 되었지요. 때문에 내서당 출신의 환관들은 '정도(正途)'라고 불리며 특별 대우를 받았습니다. 내서당을 졸업한 환관은 조정 관료로 치면 과거에 합격한 정도의 대접을 받았고, 실력도 그에 못지않았습니다. 그런 까닭에 일반 환관들은 내서당 출신의 환관을 만나면, 자신이 비록 나이가 많다고 하더라도 머리를 숙여 인사하는 것이 관례였답니다.

　그런데 내서당이 중국에만 있던 것은 아니었습니다. 조선의 환관들도 체계적으로 학문을 익히고 배우는 곳이 있었거든요. 비록 내서당

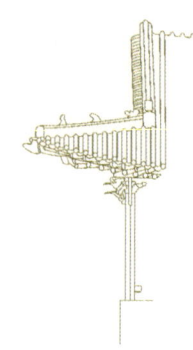

처럼 별도의 학교를 만들지는 않았지만, 환관은 모두 일정한 수준의 공부를 해야만 했습니다. 그래서 환관 조직에 학자들이 배치되어 환관들을 가르쳤습니다.

　조선의 환관들이 주로 배웠던 것은 내정의 규율과 《논어》, 《대학》, 《중용》, 《맹자》 등의 사서, 《소학》, 《삼강행실》 등이었습니다. 하지만 삼경은 가르치지 않았습니다. 조선 사람들은 사서를 한문과 유학을 알기 위한 기본 서적이라고 여겼고 《시경》, 《서경》, 《역경》 등의 삼경은 그보다 한 단계 위로 보았습니다. 때문에 양반 선비들은 반드시 삼경을 읽어야 했지만, 환관들까지 삼경을 읽힐 필요가 없다고 보았던 것입니다.

　환관들은 일정 수준 이상이 되어야 공부를 그만둘 수 있었습니다. 만약 어느 정도 수준에 이르지 않으면 35세까지 계속 강의를 들어야 하고, 35세가 되어야 공부를 면제해 주었습니다. 이것은 종친들의 학교인 종학에서 40세가 되면 공부를 면제해 주는 것과 같은 이치였답니다.

환관들의 성적은 생활과 직급에 반영되기 때문에, 공부를 잘하는 것은 출세의 지름길이었습니다. 성적이 좋으면 품계보다 높은 벼슬에 뽑힐 뿐만 아니라 일찍 공부를 끝내고 일에만 열중할 수 있었기 때문입니다.

이렇듯 환관들도 일정한 과정의 교육을 받았던 까닭에, 환관에게도 학문적 스승이 있었습니다. 조선 시대 관리들은 은근히 환관의 스승이 되는 것을 좋아했는데, 환관을 가르친 경력이 관리 생활에 큰 도움이 되었기 때문이지요.

중국이든 우리나라든 조정의 대신들은 늘 환관을 경계해야 한다고 힘주어 말하고 환관을 경멸하는 듯한 태도를 보였지만, 사실은 환관들을 매우 후대했습니다. 아무리 임금과 친밀한 신하라고 하더라도 환관보다 임금에게 가까이 다가갈 수 있는 신하는 없었거든요. 그래서 환관의 말 한마디가 자신을 죽일 수도 있고 살릴 수도 있다는 것이 신하들의 생각이었지요. 그런 탓에 임금을 곁에서 모시는 환관은 재상이라도 함부로 대하지 않았답니다. 그래서 벼슬이 높은 신하일수록 환관에게 친절하고, 그들에게 잘 보이려고 했던 것이 당시의 현실이었답니다.

환관의 결혼과 부부 생활

환관도 부부 생활을 했을까요? 물론입니다. 하지만 모든 환관이 부부 생활을 했던 것은 아닙니다. 환관들은 대부분 부부 생활을 원했지만, 누구나 가능하지는 않았다는 말입니다. 환관의 부부 생활에 대해

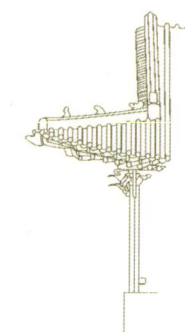

서는 중국 환관과 우리나라 환관으로 나눠서 이야기하겠습니다.

우선 중국 환관에 대해서 설명하자면, 중국에서는 원칙적으로 환관은 부부 생활을 하지 못하도록 되어 있었습니다. 그래서 중국 환관들의 부부 생활은 몰래 이루어졌지요.

환관들은 궁궐 생활을 어느 정도 하고 나면 은밀히 궁녀들과 연분을 맺고 부부의 굳은 약속을 맺었습니다. 환관의 남녀 관계를 '대식(代食)'이라고 불렀는데, 대개 궁녀들이 대식의 상대가 되곤 했던 것입니다. 황실에서도 그런 사실을 알고 있었지만 모르는 척하곤 했지요.

한 번 부부의 약속을 맺은 궁녀와 환관은 죽을 때까지 인연을 끊지 않았고, 대개는 둘 중 하나가 죽어도 다른 사람과 또 부부의 연을 맺지 않았다고 합니다. 나름대로 정절을 지키며 살았던 것이지요.

물론 중국 환관들 중에도 거리낌 없이 여자를 들여 아내로 삼은 사람들도 없지 않았습니다. 심지어 첩이 수십 명이었던 환관들도 있었으니까요. 이때 환관과 사는 여자를 식모와 비슷한 뜻의 '채호(菜戶)'라고 불렀는데, 특히 명나라 때의 환관들은 어느 정도 재산을 얻으면 누구나 채호를 두었다고 합니다.

하지만 우리나라 환관들은 공식적으로 부부 생활을 했습니다. 즉, 혼례를 올리고 가정을 꾸리고 살았다는 것이지요. 환관의 부부 생활이 언제부터 공식적으로 인정되었는지는 알 수 없지만, 고려 시대의 환관들 중에도 아내가 있었던 사람들이 많았습니다. 특히 원나라 지배를 받던 시절에는 딸을 환관에게 시집보내기 위해 줄을 대는 경우까지 있었다고 하는군요. 원나라에 가서 출세한 환관들은 재상보다도

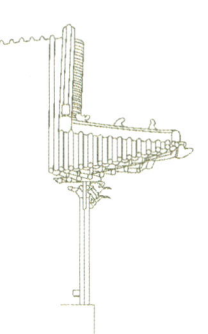

힘이 강했던 시절이라 앞 다퉈 환관과 인척 관계를 맺으려 했던 것입니다. 고려 시대엔 환관과 인척이 되어 중앙의 높은 벼슬을 얻은 경우도 헤아릴 수 없이 많았습니다. 방신우, 고용보, 박불화 등 원나라의 환관이 되어 엄청난 권력을 휘둘렀던 환관들의 처가족들은 천인(가장 신분이 낮았던 노비, 백정, 장인바치)에서 지방관이나 중앙 관료로 진출해 큰 세력을 이루기도 했답니다.

하지만 조선 시대에 이르면 이런 문제는 거의 사라집니다. 조선은 환관의 신분을 확실히 보장해 주는 대신에 환관이 정치에 참견하지 못하도록 철저히 막았기 때문입니다. 하지만 환관에게도 결혼할 권리를 주고, 가정을 이룰 수 있도록 뒷받침해 주었습니다. 덕분에 환관들도 매우 안정된 생활을 할 수 있었지요.

조선의 이러한 정책은 환관들의 폐단을 막는 데도 크게 도움을 주었습니다. 중국 환관들은 가정이라는 개념이 없었기 때문에 책임감이 없고 행동이 가벼운 경향이 있었습니다. 그러나 조선의 환관들은 지켜야 할 가정이 있고, 그 가정의 가장으로서 책임이 무거웠기에 중국 환관들보다 행동이 조심스러울 수밖에 없었지요.

환관의 자식

환관들에게도 자식이 있었습니다. 물론 환관이 자식을 낳을 수는 없었습니다. 대신 양자를 들여 대를 잇게 했던 것이지요.

먼저 중국 쪽을 알아보면, 우리가 익히 잘 알고 있듯이 중국 삼국 시대의 영웅 조조도 환관의 양자 집안 출신입니다. 후한 말기에는 환

관들이 세력을 얻었으므로 환관의 양자가 되는 것은 출세를 위해 좋은 수단이었지요. 조조가 그 시대의 영웅으로 클 수 있었던 것도 그런 배경 덕분이었습니다.

중국의 환관들 중에 권세를 얻은 자들은 한결같이 양자를 두었습니다. 굳이 양자를 두지 않으려 해도 그들의 권세를 필요로 한 자들은 환관의 양자가 되지 못해 안달이었으니까요. 특히 환관이 천하를 지배하던 후한 시대나 명나라 시절에는 더욱 그랬지요.

중국 환관들의 양자는 크게 두 종류입니다. 환관으로서 환관의 양자가 되는 경우와 환관이 아닌 자가 양자가 되는 경우입니다. 환관의 양자로 입양되어 환관이 된 자들은 10세 이하의 어린 시절에 입양되었습니다. 이들은 대개 부모가 팔아먹은 아이들이거나 죄수의 아이들이지요. 그들은 입양되면 즉시 거세되고, 그로부터 일 년쯤 지나면 바로 환관 수업을 받습니다. 그리고 양아버지의 지도와 보호 아래 환관으로 커 가게 됩니다.

하지만 환관이 아닌 양자는 의미가 좀 다릅니다. 이 경우에는 일종의 협력 관계라 볼 수 있답니다. 그게 무슨 말이냐고요? 환관은 어차피 천민 출신이기 때문에 마땅히 기댈 곳이 없었습니다. 그런 환관이 권좌에 오르면 지방의 세력가나 중앙의 정치가들이 손을 내밀게 마련이지요. 이들이 서로 의견이 맞으면 손을 잡는데, 그 수단으로서 양자 관계를 맺는 것입니다.

우리 역사에서 환관과 양자의 관계는 중국보다는 좀 단순하고 순수한 편입니다. 우리는 주로 환관 제도를 유지시키는 수단으로 양자 제도를 두었기 때문이지요.

앞에서 말했듯이 우리나라 환관들은 아내를 들여 가정을 꾸렸는데, 양자도 그 가족의 한 사람이었습니다. 물론 환관의 양자 역시 환관이 되어야만 했지요. 조선 왕조는 환관들의 결혼을 인정함으로써 자연스럽게 환관을 확보하는, 매우 현명하고 현실적인 정책을 폈던 것입니다. 덕분에 중국처럼 숱한 아이들을 붙잡아 환관으로 만드는 야만적

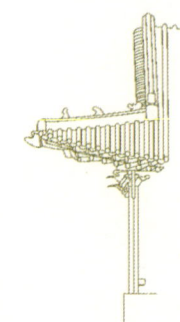

인 짓을 저지르지 않아도 되었지요.

환관들이 양자를 들이는 과정에 대해서는 어떤 기록도 남아 있지 않습니다. 다만, 조선 환관들의 양자들 중에는 양아버지와 성씨가 같은 사람이 있고, 다른 사람이 있다는 것은 확인되었습니다. 양아버지와 성이 같은 환관은 양아버지와 같은 집안의 출신이고, 양아버지와 성이 다른 환관은 같은 집안의 출신이 아니라는 뜻입니다. 양자를 여러 명 들인 경우도 있었는데, 이때 양자들 간에 성씨가 다른 경우도 꽤 있었답니다. 때로는 양아버지와 성씨가 같고, 양어머니와 성씨가 같은 경우도 있습니다. 이 경우 본가와 처가에서 각각 양자를 데려왔다는 뜻이겠지요?

이렇게 볼 때, 조선의 환관들은 본가에서 양자를 들이는 것을 원칙으로 하고, 그것이 어려울 때에는 처가나 다른 집안에서 데려왔다는 것을 알 수 있답니다.

환관 족보

환관들도 양자를 통해 대를 이었기 때문에 족보가 있었습니다. 환관의 족보는 《양세계보(養世系譜)》라는 이름으로 오늘날까지 전해지고 있으며, 여기에는 조선 시대 환관 집안들의 여러 계파가 함께 기록되어 있습니다.

《양세계보》는 세계에서 하나밖에 없는 환관 족보이며, 우리나라에만 있는 희귀 자료입니다. 이 족보를 처음 만든 사람은 정조 시대의 이윤묵이라는 환관입니다. 그는 이 책의 서문에서 내시 집안은 양자

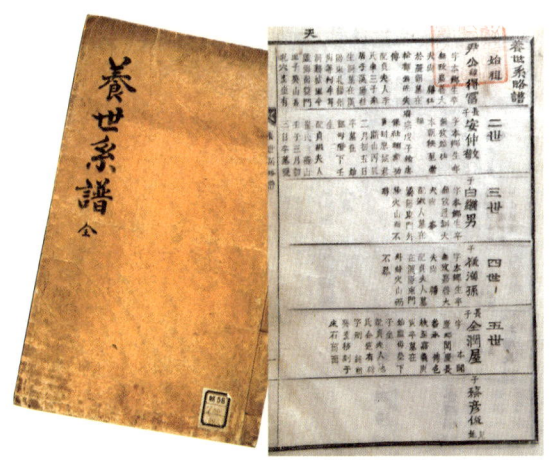

양세계보
조선 시대에 만들어진 환관 족보이다. 환관은 양자를 통해 대를 이었기 때문에 모두 성씨가 달랐다.

를 통하여 계통을 이었기 때문에 모두 성씨가 달라 족보를 마련하지 못했다며, 비록 혈육은 아니지만 키워 준 은혜에 보답하는 뜻으로 족보를 만들었다고 쓰고 있습니다. '양세계보'의 '양세(養世)'라는 것은 양자를 후세로 삼아 대를 이었다는 뜻인데, 이것은 환관 집안에서만 있을 수 있는 일이므로, 양세계보는 곧 환관 족보를 뜻합니다.

이윤묵이 《양세계보》를 묶은 시기는 순조 5년인 1805년이고, 이후 그의 7대손인 문건호에 의해 보완되었습니다. 이 책에는 각 조상들의 출생지, 벼슬, 부인, 양자, 사망일, 묘지 등에 대해 간단하게 적혀 있습니다. 이해하기 쉽게 예를 들어 볼까요? 《양세계보약보》의 계동파(桂洞波) 편을 보면 윤득부(尹得富)를 시조로 삼고 있는데, 그는 한양 계동에서 태어나 환관이 되었으며, 가선대부 벼슬을 받고 상선에 올랐습니다. 부인은 정부인 이씨이고, 장남 안중경을 비롯해 김계경, 이인경 등 3명의 양자를 들여 대를 이었습니다. 무덤은 한양 동북쪽의

내시묘
서울 노원구 월계동 초안선에 있는 내시묘이다. 조선이 망한 뒤로 내시묘는 돌보는 사람이 없어 비석이 망가지기도 했다.

양주 해등촌 우이동 계성리에 있고, 묘를 마련한 때는 홍치 원년(1488년 무신년) 12월 17일이라고 적혀 있습니다.

계동파의 시조인 윤득부는 세종 대부터 성종 대까지 내관 벼슬을 지냈던 인물이고 양자 3명도 모두 내관 벼슬을 지냈습니다. 계동파는 윤득부를 시조로 하여 22대까지 기록되어 있습니다. 이들은 모두 내관으로 뽑혔을 터지만 《조선왕조실록》에서는 이들 중 일부만 이름을 찾아볼 수 있습니다.

《양세계보》에는 실록에 등장하는 이름 있는 환관들 중 많은 수가 빠져 있는데, 정치적 소용돌이에 휘말린 수많은 환관 집안이 피해를 입어 대를 잇지 못했기 때문이랍니다. 예를 들어 조선 초에 환관 제도를 정착시킨 김사행이나 조순 같은 인물은 태종 이방원이 권력을 잡은 후에 모두 죽임을 당했고, 그 양자들도 모두 죽었습니다. 연산군 대의 김처선이나 영조 대의 박상검 등 정치 사건에 깊이 개입했던 환관들도 마찬가지입니다. 그런 의미에서 보자면 《양세계보》에 기록된 환관들은 혼탁한 조선 정치 사회의 풍랑 속에서도 끈질기게 목숨을 이은 처세술의 대가들이었는지도 모릅니다.

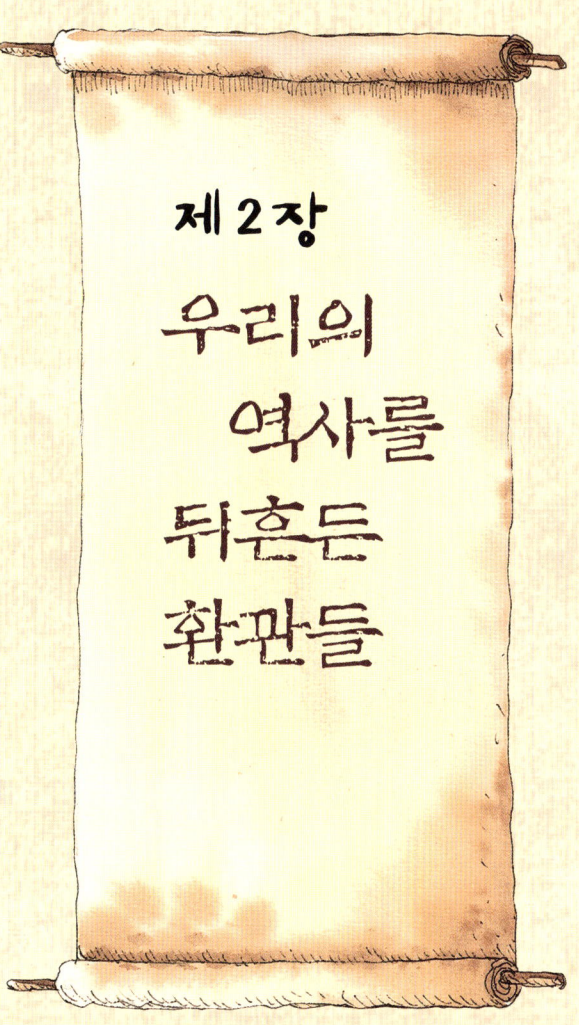

제 2 장
우리의 역사를 뒤흔든 착간들

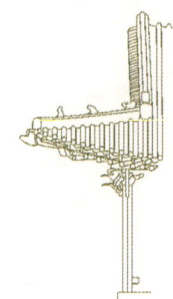

환관 정치를 대표하는 정함

내가 환관의 힘을 키웠지.

정함(鄭諴)은 고려 18대 의종 대의 환관이며, 재상 못지않은 엄청난 권력을 누렸던 인물입니다. 그는 천민 출신인데, 어릴 때 개에게 물려 고자가 된 뒤에 궁궐에 들어가 환관이 되었답니다. 그의 조상은 원래 궁예의 신하였던 모양인데, 왕건이 고려를 건국한 후 복종할 것을 강요했지만 끝까지 절개를 지켜 천민 신분이 되고 말았다고 전하지요.

환관이 된 그는 17대 인종 대에 내시서두 공봉관에 올랐는데, 인종은 그를 무척 아껴 이렇게 말했습니다.

"네게 태자의 유모를 아내로 줄 테니 잘 살아 보거라."

그 때문에 당시 태자였던 의종은 정함을 특별하게 대했답니다.

그런데 의종은 어려부터 학문을 싫어하고 노는 걸 좋아했지요. 그 때문에 의종의 어머니 공예왕후는 인종에게 이렇게 간청했습니다.

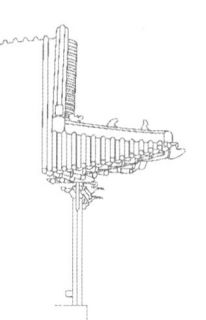

"태자가 공부는 하지 않고 놀기만 좋아하니, 아무래도 태자를 바꿔야 할 것 같습니다. 둘째 대령후 경을 새로운 태자로 세워 주십시오."

인종도 왕후의 뜻을 받아들여 태자를 폐위하려 했으나, 당시 인종의 두터운 신임을 받고 있던 정습명이 반대하며 이렇게 말했습니다.

"소신이 목숨을 걸고 태자를 올바른 길로 인도할 것이니, 제발 폐위시키는 일은 멈춰 주십시오."

덕분에 의종은 태자에서 쫓겨나지 않았습니다. 그러나 왕위에 오른 의종은 사람들이 걱정했던 것처럼 나랏일은 뒷전이고 격구나 태껸 시합을 즐기며 사냥이나 유람을 일삼았지요. 정습명은 여러 차례에 걸쳐 왕의 그런 행동을 막았지만, 의종은 그런 그를 매우 귀찮게 생각했습니다.

그런 상황에서 조정에서 어른 노릇을 하며 의종의 일에 간섭하던 재상 김부식이 죽자, 의종은 그 기회를 놓치지 않았지요.

"이제 김부식도 죽고 없으니, 정습명만 없애 버리면 나를 귀찮게 하는 놈은 없겠구나."

그는 여러 죄목을 붙여 정습명을 죽이고 왕에게 충고하는 역할을 하는 간관들에게 간언(임금에게 잘못된 일을 고치도록 하는 말)을 올리지 못하게 했지요. 게다가 의종은 가까운 신하 몇몇을 빼고는 아예 대신들을 만나려고도 하지 않았습니다. 그래서 의종은 매일 비서들인 내시부 관원이나 환관들하고만 대화를 했습니다. 그런 탓에 환관의 힘이 너무 강해졌고, '환관 정치'라는 이상한 정치 시대가 생기게 되었지요.

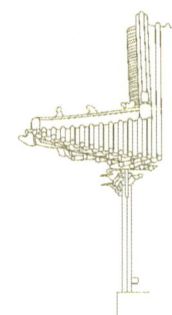

환관들이 의종의 힘을 믿고 권력을 함부로 쓰는 바람에 정치는 썩고, 신하들의 질서는 어지러워져 조정이 제대로 돌아가지 않았던 것입니다. 이때 환관 정치를 이끌었던 인물이 바로 정함이었습니다.

정함은 의종이 왕위에 오르자 거대한 저택을 하사받고 내전숭반 벼슬에 올랐습니다. 이때부터 정함은 행동이 거만하고 불손하며 우쭐대는 태도를 보였는데, 기어코 큰 사건을 하나 벌이고 말았답니다.

의종 5년인 1151년 4월에 흥덕궁주의 책봉을 축하하는 연회가 벌어졌는데, 정함이 이 자리에 문관들만 두르는 서대를 하고 나온 것입니다.

우간의 왕식이 그 모습을 보고 대간(조선 시대에 대관과 간관을 이르던 말)들을 나무랐습니다.

"환관 따위가 문관들만 두를 수 있는 서대를 하고 다니는데도, 너희

62 조선 시대 환관들은 어떻게 살았을까?

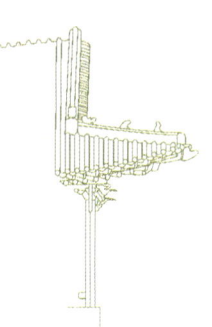

대간들은 도대체 뭐하고 있는 것이냐? 왜 임금에게 아무것도 따지지 않느냐 말이다."

그러자 어사잡단 이작승이 얼굴을 붉히면서 대리 이빈에게 명령했습니다.

"너는 지금 즉시 관원들을 데리고 가서 정함의 서대를 빼앗아 오너라."

명령을 받은 이빈이 정함에게서 서대를 빼앗으려 하자, 정함은 강하게 저항하며 말했습니다.

"이것은 폐하께서 주신 것인데, 왜 내놓으라고 하는 거요?"

하지만 이빈은 강제로 그의 서대를 빼앗았지요.

서대를 빼앗긴 정함은 곧바로 왕에게 달려가 그 일을 고해바쳤습니다. 그러자 의종이 분노를 참지 못하고 소리쳤습니다.

"당장 이빈을 잡아 오라!"

하지만 이빈이 대간의 집무실 안에 들어가는 바람에, 내시들은 그를 잡지 못했고 대간의 아전 민효정을 잡다가 집단으로 치고 때린 뒤 결박하여 궁성소에 가두었지요.

연회가 끝난 뒤, 의종은 자신의 서대를 풀어 정함에게 주고 민효정은 형부 옥에 가두었습니다. 이렇게 되자 대간에서는 상황이 심각하게 돌아가고 있다는 생각에, 이빈이 정함에게 빼앗은 서대를 내시원에 돌려주었어요. 하지만 내시집사 한유공이 그 서대를 받지 않았어요. 그래서 몇 차례에 걸쳐 대간에서 사정을 하며 서대를 돌려주자 겨우 못 이기는 척하고 받았습니다.

그 후 정함은 왕의 힘을 믿고 더욱 무례하고 불손한 태도를 보였습니다.

"감히 어떤 놈이 날 건드려? 내 뒤엔 폐하께서 있는데 말이야!"

의종은 그런 정함에게 문관의 관직인 합문지후 벼슬을 내렸습니다. 그러자 중서문하성의 관원들이 모두 불만을 쏟아 냈답니다.

"환관 놈이 편전의 출입을 담당하는 합문의 우두머리가 됐으니, 이제 우리가 그놈의 승낙을 얻지 못하면 폐하의 용안(임금의 얼굴을 높이는 말)도 배알(지위가 높거나 존경하는 사람을 찾아가 뵈는 것)하지 못하게 생겼어. 이럴 바에야 차라리 관직을 버리고 고향으로 가는 게 낫겠어."

"그래, 더 이상 이 짓도 못해 먹겠어. 그만두자고."

결국 중서문하성의 관원들은 모두 출근하지 않았습니다. 그러자 겁먹은 의종은 정함에게 내린 벼슬을 다시 거두고 중서문하성의 관원들에게 출근하라고 했지요. 그러나 의종은 얼마 뒤에 정함을 다시 합문지후에 임명했습니다. 이때도 대신들이 출근을 거부하며 정함을 관직에서 물러나게 하라고 청했고, 이 광경을 지켜본 몇몇 신하들은 한숨을 짓고 눈물을 흘리며 관직을 내던지고 고향으로 내려가 버렸답니다. 하지만 이번에는 의종도 만만치 않았습니다.

의종은 단식 투쟁을 하며 억지를 부렸지요.

"나는 왕이다. 왕이 작은 벼슬 하나도 마음대로 내리지 못한단 말이냐? 만약 너희들이 정함을 합문지후에 임명하는 것을 받아들이지 않으면 나는 굶어 죽겠다."

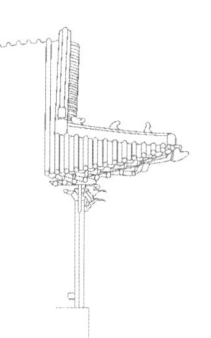

결국 의종의 생떼를 이기지 못한 대신들은 정함을 합문지후에 임명하는 것을 받아들였지요. 하지만 싸움은 그것이 끝이 아니었습니다.

대간들이 모두 업무를 멈추고 합문 밖에 엎드려 소리쳤지요.

"폐하, 정함의 벼슬을 거두소서. 또한 환관들을 멀리하소서. 그렇지 않으면 신들은 업무를 볼 수 없나이다."

이렇듯 대간들이 나서서 의종에게 맞서자, 위협을 느낀 환관들도 대항하기 시작했습니다.

"여기서 밀리면 우리는 모두 죽는 거야. 어떻게 할 거야? 우리도 뭔가 결의를 보여 줘야 한단 말이야!"

환관 이균이 그렇게 말하고 연못에 몸을 던져 버렸지요. 이균은 결국 연못에서 살아나오지 못하고 익사하고 말았습니다. 환관들이 그렇게 목숨을 건 저항을 했지만, 결과는 대간의 승리였습니다.

대간들의 저항에 밀린 의종은 내시 14명과 다방 관원 5명을 궁궐에서 내보내며 흐느꼈지요.

"한 나라의 왕인 내가 신하들에게 이런 창피를 당하고 너희들을 보내야 하다니……."

하지만 대간들은 그것으로 끝내지 않았습니다. 그들은 집단으로 출근을 거부하며 문제가 있는 내시들에게 벌줄 것을 요청했지요. 그러자 의종도 별 수 없이 이성윤, 한유공 등 내시 5명을 해직시켰습니다. 그러나 정함은 내쫓지 않았답니다.

이때 정함은 조정에 친척과 자기 무리들을 끌어들여 패거리를 만들었지요. 특히 관노 왕광취와 백선연을 내시로 만들어 자신의 손발처럼 부리며 왕의 타락을 부추겼습니다. 이 같은 정함의 권력이 얼마나 대단했던지 재상이나 대간들도 그의 행동에 대해 함부로 말하지 못했으니까요.

그는 엄청난 뇌물을 받고 상인들의 이권(이익을 얻을 수 있는 권리)을 조정하기도 했으며, 평민들의 물품을 강제로 빼앗아 재산을 늘려 나갔습니다. 그래서 대궐 30보 밖에 무려 200간이 넘는 집을 짓고 곳곳에 누각을 마련했는데, 그 규모가 거의 왕궁과 같았지요. 심지어 의종이 그의 집을 '경명궁'이라 하고 그곳으로 가서 나랏일을 처리할 정도였으니, 그 규모가 얼마나 컸는지 알 수 있겠지요?

그가 끌어들인 남경의 관노 출신 백선연과 왕광취는 왕의 침실을 제 방 드나들 듯하며 권력을 휘둘렀는데, 그들에게 아부하던 서리 진득문에게 판관 벼슬을 주기도 했습니다. 또 백선연과 애인 사이였던 관비 출신 후궁 무비는 의종의 사랑을 독차지했으며, 광주의 서기 김류는 백성들에게 빼앗은 재물을 백선연에게 바쳐 내관이 되기도 했답니다.

정함의 권력을 확실히 보여 주는 사건은 1156년 정함이 등창(등에 나는 부스럼)으로 앓아누웠던 때였습니다. 정함이 앓아누웠다는 소식이 전해지자, 그를 문병하러 몰려든 사람들이 문전성시(찾아오는 사람이 많아 집 문 앞이 시장을 이루다시피 하는 것)를 이루었지요. 사람들은 그 광경을 보며 "국

권이 모두 고자한테 있구나." 하고 탄식했다고 합니다.

하지만 정함도 병을 이기지는 못했습니다.

정함이 병으로 죽자, 의종은 눈물을 흘리며 통곡한 뒤에, 수충내보 동덕공신의 칭호와 이부상서 정당문학 수문전 태학사 벼슬을 추증(나라에 공로가 있는 벼슬아치가 죽은 뒤에 품계를 높여 주던 일)했다고 합니다.

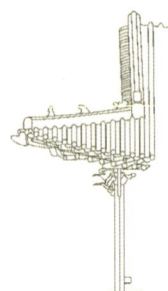

재상보다 힘이 강했던 최세연

충렬왕의 총애를 한 몸에 받았지.

최세연(崔世延)은 충렬왕의 환관인데, 아내의 심한 질투 때문에 스스로 고자가 되었다고 합니다. 그렇게 해서 환관 도성기에게 접근해 궁궐에 들어갈 수 있었지요.

도성기는 충렬왕과 왕비인 제국대장공주 장목왕후가 매우 아끼는 환관이었는데, 최세연은 궁궐에 들어간 지 몇 년 되지 않아 왕과 왕비로부터 도성기보다 더 사랑받는 인물이 되었답니다. 도성기와 최세연은 둘 다 환관이었지만 무예가 아주 뛰어나고 말 다루는 솜씨가 좋았습니다. 그런 까닭에 충렬왕은 그들을 장군으로 삼고 군대를 지휘하게 했지요. 두 사람은 권세를 믿고 오만방자한 행동을 일삼으며 신하와 백성에게 횡포를 부리곤 했답니다.

특히 최세연은 아주 오만했습니다. 한 번은 충렬왕이 봉은사에 행차했다가 돌아오는데, 최세연은 말을 달려 곧장 임금 앞으로 다가왔

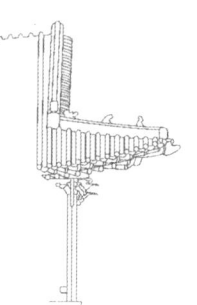

습니다. 상장군 이정이 그의 말을 멈추게 했으나, 최세연은 이정의 말을 무시하고 말에 올라탄 채 충렬왕에게 다가섰지요. 그런데 재상이라고 해도 왕의 행렬을 보면 말에서 내려 걸어와야 하고, 전쟁 중이라도 말을 탄 채 왕 앞에까지 다가올 수 없었습니다. 만약 신하들이 그 법을 어기면 죽음을 피하지 못했답니다. 그러나 최세연의 힘에 눌려 아무도 그를 비판하지 못했습니다.

심지어 최세연은 신하들의 인사권까지 쥐고 흔들었습니다. 그는 자신의 형 최세안을 사령관 격인 중군(中軍) 도령(都領)에 추천하여 충렬왕의 승낙을 얻어내기도 했습니다. 중군 도령은 군대의 중요한 직책이었기 때문에 반드시 지방의 도령을 거쳐야만 오를 수 있는 자리였습니다. 이 때문에 대신들이 충렬왕에게 아뢰어 최세안의 벼슬을 빼앗아야 한다고 주장했지만, 충렬왕은 들은 척도 하지 않았습니다.

최세연은 충렬왕을 믿고 엄청난 재물을 끌어모았고 큰 저택도 사들였는데, 그중에 찬성 벼슬에 있던 조인규의 집도 있었습니다. 조인규는 몽고어를 잘해서 출세한 인물로 재물이 많았습니다. 그래서 조인규가 살던 집이 매우 넓고 화려했는데, 최세연은 막상 조인규의 집을 사들인 뒤에 이렇게 말했습니다.

"조인규의 집이 좋다고 해서 샀더니 더럽고 좁아서 도저히 쓸 수가 없다."

그는 집 주변의 땅을 사 큰 누각을 짓고 그곳에서 지냈습니다. 그런데 하루는 충렬왕의 왕비 제국대장공주가 대궐 바깥을 내다보는데 전에 없던 누각이 시야를 가리는 것이었지요.

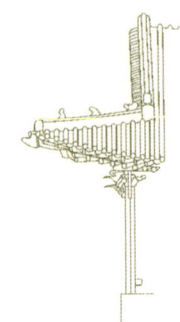

공주는 인상을 찌푸리며 시녀에게 물었어요.

"도대체 저 누각이 무엇이냐?"

"장군 최세연이 조인규의 집을 샀는데, 그 집이 누추하다고 하여 최근에 새로 지은 누각인 줄 아옵니다."

"아니, 저곳은 대궐을 가로막는 방향이라 누각을 짓지 못하게 한 곳인데, 어째서 저곳에 누각을 지었단 말이냐? 당장 최세연을 불러오라."

최세연이 부름을 받고 오자, 공주가 말했습니다.

"저곳은 대궐에서 꺼리는 방향이거늘, 어째서 누각을 지었느냐? 당장 누각을 헐고, 아무도 이곳에 누각을 짓지 못하도록 하라."

하지만 최세연은 아무 대답도 하지 않았습니다.

"어째서 대답이 없느냐?"

"이미 다 지은 것이라 허는 게 가능하지 않은 일이라서……."

그러자 공주가 화를 내며 소리쳤습니다.

"조인규는 재상이었으나 그 집을 더럽다고 말하지 않았는데, 너는 한낱 환관인 작자가 어째서 집을 넓히고 대궐을 해치는 방향으로 누각을 짓는 것이냐!"

그래도 최세연이 뻣뻣하게 서서 전혀 누각을 헐 기미를 보이지 않자, 공주가 병사들에게 소리쳤습니다.

"여봐라, 저놈을 붙잡아 뺨을 때리고 목에 칼을 씌워 순마소(중국 원나라가 고려에 두었던 감찰 기관)에 가둬라!"

결국, 최세연은 그렇게 감옥에 갇혔지만 반성하는 빛이 조금도 없

었습니다.

"내 돈으로 내 땅에 내 집을 짓는데, 왜 야단이람."

그리고 며칠 뒤에 최세연은 풀려났습니다. 최세연이 감옥에 갇혔다는 소리를 듣고 충렬왕이 풀어 줬던 것이지요.

최세연은 어느덧 왕비조차도 함부로 할 수 없는 엄청난 권력자가 되어 있었던 것입니다. 그는 뇌물을 받고 벼슬을 팔았으며, 신하들의 승진(등급이나 계급 따위가 오르는 것)과 강등(등급이나 계급 따위가 낮아지는 것)도 마음대로 했습니다. 때문에 왕족이라고 하더라도 최세연 앞에서는 제대로 고개를 들지 못했지요.

이런 일도 있었답니다. 낭장 김홍수가 노비에 대한 소유권 문제로 장량비라는 인물을 전법사(고려 시대 소송에 관한 일을 맡던 관아)에 고소하는 소송이 일어났는데, 장량비는 소송에서 이길 수 없다는 판단을 하고 소송에 걸린 노비 40구를 모두 최세연에게 바쳐 버렸습니다.

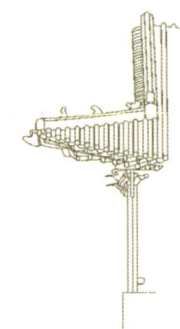

그러면서 이렇게 말했지요.

"노비들을 모두 드릴 테니 감옥에 갇히는 일만 피하게 주십시오."

그러자 최세연은 기꺼운 표정을 지으며 고개를 끄덕인 뒤, 김흥수를 불러들였습니다.

"김흥수 이놈, 어째서 네놈은 멀쩡한 집안의 노비를 함부로 훔치려 하느냐? 분명 이것은 네가 힘을 믿고 장량비를 압박하려고 하는 게 아니더냐?"

그러나 김흥수도 순순히 물러서지 않았습니다.

"도대체 무슨 말씀을 하는 겝니까? 이미 장량비의 노비가 모두 이쪽으로 오게 돼 있다는 소릴 들었는데, 뇌물을 받아먹고 그렇게 남의 노비를 가로채야 되겠습니까?"

"뭐라? 네 놈이 정녕 목이 달아나고 싶은 게로구나!"

최세연은 곧 충렬왕에게 김흥수가 남의 노비를 빼앗으려 한다고 참소(남을 헐뜯어 죄가 있는 것처럼 고해바치는 것)하여 김흥수를 옥에 갇히게 했습니다. 그러자 전법사 좌랑 심유가 최세연에게 아첨하기 위해 김흥수의 노비를 모두 빼앗고 그를 섬으로 유배 보냈습니다. 하지만 김흥수도 만만한 인물은 아니었습니다.

김흥수는 심유를 만나자, 그를 무섭게 꾸짖었습니다.

"네가 법관이 되어 소인에게 아부하여 죄 없는 사람을 유배하고 남의 노비를 빼앗는 게 잘한 일이냐?"

김흥수의 그런 당당함에 심유는 부끄러움을 감추지 못하고 말했지요.

"어디 이것이 제 뜻대로 되는 것입니까? 이 사람도 살고자 한 일이

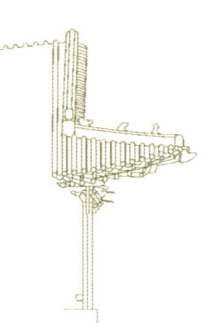

니 어쩔 수 없소이다."

　최세연이 남의 노비를 가로챈 것은 이뿐만이 아니었습니다. 내시 박추의 노비 20여 구를 강제로 빼앗았고, 평민 강주라는 인물을 강제로 자기 집 노비로 삼으려 했지요. 하지만 강주가 말을 듣지 않자, 최세연은 그에게 초 10정을 훔쳤다는 죄를 씌워 벌금으로 은병 10구를 내라고 했습니다. 하지만 강주는 돈이 없어 은병을 구하지 못하다가 은병 4구를 꿔서 최세연의 집에 보내고 차신의 집에 몸을 숨겼습니다.

　그러자 최세연은 노비들을 이끌고 차신을 찾아가 말했습니다.

　"그대는 어째서 강주를 숨겨 주고 있는가?"

　차신도 물러서지 않고 대답했습니다.

　"강주가 그대의 괴롭힘을 이기지 못해 내게 은병 4구를 꿔서 갚았으니, 초 10정의 값은 족히 넘는다. 그런데 무엇을 더 받고자 하는가?"

　"뭐라? 네놈이 죽고 싶어 안달이 난 게로구나."

　최세연은 곧 충렬왕에게 순마군을 동원하여 차신의 집을 뒤져 강주를 체포할 수 있도록 해 달라고 했습니다. 충렬왕이 허락하자, 그는 형 최세안을 앞세워 군대를 이끌고 차신의 집에 들이닥쳤습니다. 그리고 집을 뒤져 강주를 체포하여 압송했지요. 차신은 왕궁 앞으로 나아가 왕에게 자초지종(처음부터 끝까지의 과정)을 아뢰며 최세연에게 벌을 내려야 한다고 주장했습니다.

　이때 세자로 있던 충선왕이 그 소식을 듣고 최세연을 불러들여 호통쳤습니다.

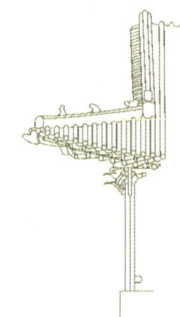

"네놈의 죄가 넘쳐 온 백성의 원성이 자자하거늘, 어찌 네놈은 악행을 멈추지 않느냐?"

그러나 세자를 겁낼 최세연이 아니었습니다.

"세자 저하께선 도대체 무슨 소문을 듣고 이 사람을 이렇게 함부로 대하는 것입니까? 소신에게 죄가 있다면 어디 한 번 말해 보시지요."

"네가 김홍수와 박추의 노비를 빼앗고 김홍수를 유배 보낸 것이 첫 번째 죄요, 사나운 개를 길러 수흥궁의 여종을 물려 죽게 하고, 그 때문에 궁주께서 사나운 개를 기르지 말라고 했는데, 너는 뭐라고 했느냐? 뻔뻔하게도 네 놈은 반성하기는커녕 소리를 높이며 궁주께서 얼마나 더 사시겠다고 나더러 개를 기르지 말라고 하느냐고 하지 않았느냐? 그 때문에 궁주를 눈물 흘리게 한 죄가 둘째요, 나라의 재물을 도적질한 죄가 셋째요, 은과 동을 섞어 사사로이 은병을 만들어 판 죄가 넷째요, 강주를 종으로 삼고자 차신의 집을 함부로 침범한 죄가 다섯째다. 그나마 이것들은 큰 죄만 나열한 것이니, 나머지는 헤아리지도 못할 지경이다."

세자의 말에도 최세연은 눈도 껌뻑하지 않았습니다.

"지금 저하께서 열거하신 것들은 모두 전하의 허락을 얻어 한 것인데, 어째서 죄가 된단 말입니까? 그렇다면 전하의 말씀을 무시하고 저하의 말씀을 들어야 한다는 말씀

이외까?"

그 말을 듣고 세자가 참지 못하고 충렬왕을 찾아가 말했습니다.

"전하, 최세연은 흉악하고 무도(말이나 행동이 인간으로 지켜야 할 도리에 어긋나고 막되는 것)한 자로 온 나라가 그자 때문에 피해를 입고 있습니다. 그러니 마땅히 귀양을 보내 악행을 벌하소서."

그러자 충렬왕은 인후를 불러들였지요. 인후는 원래 몽고 인으로 본명은 '홀라대'였습니다. 그는 충선왕의 어머니 제국공주의 겁령구(怯怜口)였습니다. 겁령구는 중국어로 '사속인(私屬人)'이란 뜻인데, 제국공주를 모시기 위해 몽고에서 따라온 사람이었지요. 그런 까닭에 몽고 황실에선 그에게 중랑장 벼슬을 내렸고, 충렬왕은 장군으로 예우했습니다. 홀라대는 당시 대장군이었던 인공수와 친했던 탓에 그의 성을 받아 인후로 이름을 바꾸었던 것입니다.

그런데 최세연은 인후를 아버지로 섬겼는데, 충렬왕은 인후를 크게 신임하여 최세연에 대한 처리 문제를 인후에게 상의했던 것입니다.

그러자 인후는 이렇게 말했습니다.

"최세연은 충직한 신하인데, 어째서 그에게 벌주려고 하십니까? 그것은 세자가 최세연을 개인적으로 미워하셔서 그런 청을 올린 것이니, 세자의 청을 받아들이지 마소서."

그 소리를 듣고 세자가 인후를 불러 꾸짖었습니다.

"지금 재상에 머무르고 있는 자들의 항아리같이 부른 뱃속에는 최세연의 술과 고기로 가득 차 있다. 그대는 최세연과 함께 같은 악행을 저지르고 서로 감싸 주고 있으니, 너희 같은 무리는 도끼날로 함께 처

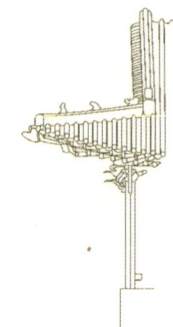

단해야 할 것이다."

세자가 그렇게 강하게 나오자, 충렬왕은 최세연을 불러 벌주고자 했습니다.

그러자 최세연은 이렇게 말했지요.

"전하, 제발 공주께 한마디 말만 하고 죽게 해 주소서."

최세연은 공주에게 왕의 음사(음란하고 방탕한 짓)와 관련된 비밀을 알려 주고 죽음을 피하고자 했습니다.

충렬왕은 그의 부탁을 들어 공주를 만나게 해 주었는데, 《고려사》에는 그가 공주를 만나 무슨 말을 했는지 기록되어 있지 않습니다. 그러나 공주가 죽은 뒤에 궁인 무비의 저주 때문에 죽은 것이라는 충선왕의 말이 기록되어 있는 것을 보면, 아마도 최세연은 충렬왕의 후궁이었던 무비에 대해 이야기했을 것입니다. 이때 최세연은 무비를 궁으로 들인 사람이 도성기라고 고해바친 듯합니다.

무비는 태산군 사람 시씨의 딸이었는데, 궁궐에 들어온 뒤로 왕의 눈에 들어 충렬왕이 도라산으로 행차하면 반드시 따라가 시중을 들었다고 합니다. 당시 충렬왕은 '도라산'으로 자주 사냥을 다녔는데, 그때마다 사냥보다는 무비와 즐기는 것을 더 큰 즐거움으로 알았지요. 그래서 사람들은 무비를 도라산이라고 부르기도 했답니다.

무비에게 왕의 사랑이 쏠리자, 그녀에게 붙어 권력을 얻어 보려는 사람들이 아주 많았습니다. 이때 도성기와 최세연은 그들과 무비 가운데에서 다리를 놓아 이익을 챙기곤 했던 것입니다. 또한 무비는 충렬왕의 총애를 믿고 안하무인으로 행동했고, 그 때문에 제국공주는

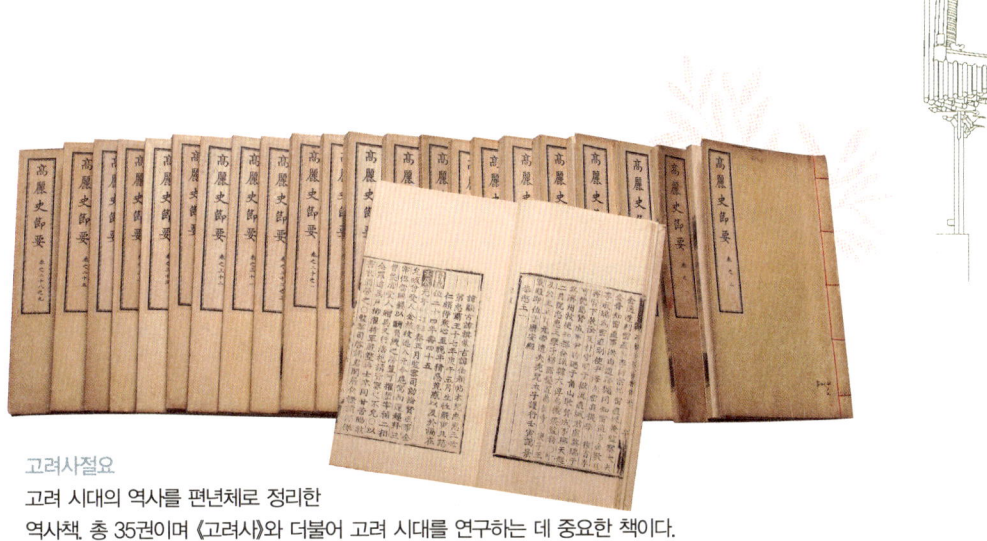

고려사절요
고려 시대의 역사를 편년체로 정리한
역사책. 총 35권이며 《고려사》와 더불어 고려 시대를 연구하는 데 중요한 책이다.

몹시 속이 상했습니다. 또 세자와 무비 사이에도 충돌이 잦았답니다. 그런데 그 무비를 소개한 자가 도성기란 소리를 듣고 공주는 크게 화를 내 도성기에게 장형을 치고 최세연과 함께 옥에 가둬 버렸습니다.

감옥에서 만난 도성기는 최세연을 이렇게 원망했습니다.

"내가 일찍이 너를 천거했거늘, 이제 와서 나를 참소하느냐? 속담에 기른 개에게 도리어 물린다더니, 내가 바로 그 짝이야."

결국, 도성기는 그런 원망만 늘어놓고 노비와 토지를 모두 나라에 빼앗겼습니다. 하지만 최세연은 인후의 도움에 힘입어 재산은 빼앗기지 않았으며, 김홍수에게서 빼앗은 노비를 묘련사에 속하게 하고, 박추에게서 빼앗은 노비는 내방고에 속하도록 했지요.

그런 다음에도 최세연은 인후를 찾아가 애원했습니다.

"바라건대 섬으로 유배되는 것만 피하게 해 주면 내 재산을 모두 드리겠습니다."

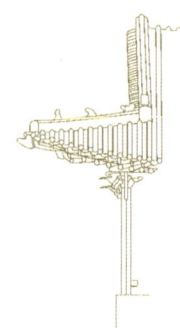

 인후는 뇌물을 받고도 최세연을 구해 주지 않으면, 그가 분명 모략(사실을 왜곡하거나 속임수를 써 남을 해롭게 하는 것)을 꾸며 자신을 궁지로 몰 것이라고 판단했습니다.

 "그렇다면 일단 도성기와 함께 섬으로 가 있겠나? 그러면 금세 불러올리겠네."

 인후는 약속대로 최세연과 도성기를 섬으로 유배시킨 뒤에 곧 충렬왕에게 부탁해 최세연을 다시 불러올렸습니다.

 그 무렵, 충렬왕은 도성기가 소개한 궁인 출신의 후궁 무비에게 깊이 빠져 있었습니다. 그 때문에 제국대장공주의 반발이 심했는데, 충렬왕은 아랑곳하지 않고 무비만을 가까이 했지요. 그 일로 세자 원(훗날의 충선왕)이 부왕과 자주 다퉜고 점차 왕과 세자 간의 힘 겨루기로 발전했습니다. 세자는 부왕과의 힘 겨루기에 이기기 위해 1296년에 원나라에 들어가 진왕 감마라의 딸 계국공주에게 장가들었습니다. 원나라 황실의 힘을 이용해 부왕을 내쫓겠다는 행동이었습니다. 그런 상황에서 불행한 일이 잇따라 일어나 세자의 어머니 제국대장공주가 죽고 말았지요. 이 때문에 세자와 충렬왕 사이의 힘겨루기는 더욱 심해졌어요.

 세자 원은 곧 돌아와 충렬왕에게 강하게 요구했습니다.

 "전하께서는 어머니께 병이 생긴 이유를 아십니까? 모든 것이 전하의 후궁과 그 무리들이 어머니를 저주하고 울화병을 일으켜 병을 만든 것이니, 그들을 모두 없애야 할 것입니다."

 그러나 충렬왕은 세자의 간언을 듣지 않았습니다.

"지금은 거상(상중에 있는 것) 중이니, 거상이 끝나면 그때 논의하자."

그 말을 들은 세자 원은 분노하여 부하들을 시켜 부왕이 총애하는 신하들을 모두 없애 버렸습니다. 이때 궁인 무비와 최세연과 도성기는 물론이고, 그들의 권세에 기대 벼슬과 권력을 얻었던 윤길손, 이무, 승시용, 김인경 등 40여 명이 옥에 갇혔지요. 세자 원은 이들을 직접 국문하고 무비가 무당과 승려를 동원하여 공주를 저주한 속사정을 들춰냈습니다. 그런 다음 도성기, 최세연, 무비 등 7명의 목을 베고, 40여 명은 모두 유배 조치시켰습니다. 그렇게 피바람을 일으키고 충선왕은 원나라로 가 버렸고, 충렬왕은 왕위를 내놓고 물러나야만 했지요.

최세연은 이렇듯 충선왕에게 죽임을 당했습니다.

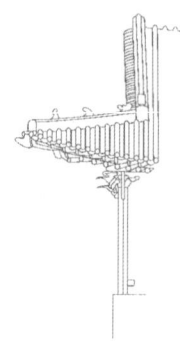

하지만 최세연이 죽은 뒤로도 환관에 대한 왕과 왕실의 총애는 여전했지요. 그 때문에 사람들이 스스로 환관이 되는 경우가 아주 많았습니다. 심지어 감찰사 녹사로 있던 최성이라 사람은 환관에게 매를 맞고 욕을 당하자, 분노를 이기지 못하고 스스로 거세해 환관이 되었을 정도였답니다.

왕을 바꾸려 했던 이숙

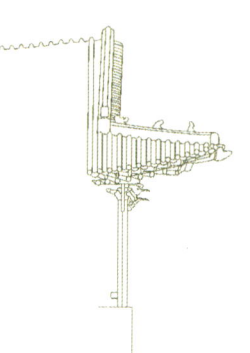

　이숙(李淑)은 충렬왕과 충선왕의 왕권 다툼을 하던 때에 충렬왕 편에 섰던 환관입니다. 그는 강원도 평창 사람으로 원래 이름은 복수였고, 어머니는 무당이었습니다. 그가 어떻게 환관이 되었는지는 기록되어 있지 않지만, 아마 스스로 환관이 되었을 것입니다.

　그는 환관이 된 뒤에 충렬왕으로부터 사랑을 받았는데, 사신의 임무를 띠고 원나라에 파견되기도 했습니다. 이때 그는 원나라 황제에게 받은 어향(왕가의 본관)을 받들고 돌아왔지요. 덕분에 충렬왕으로부터 '평창군'이라는 봉호를 받았습니다. 한낱 환관 신분으로 군호(君號)를 받은 경우는 전에는 없던 일이었지요. 군호는 나라의 공신이나 왕족 또는 외척에게나 내리는 작위였기에, 환관에게 군호가 내려졌다는 것은 아주

제2장 우리의 역사를 뒤흔든 환관들　81

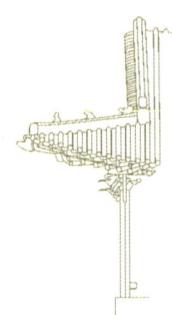

파격적인 일이었습니다.

그 무렵, 원나라에서는 환관을 뽑아 황실에 바치라는 명령을 보내 왔는데, 충렬왕은 이숙을 추천해 황실로 보냈습니다. 당시 원나라에선 환관의 힘이 크게 커지고 있던 터라, 충렬왕은 이숙을 이용하여 원나라와의 관계를 다져 놓으려는 계산이었지요. 충렬왕은 아들 충선왕과 왕권을 다투는 상황이었고, 이미 왕위에서 내쫓겼다가 가까스로 왕위를 되찾은 터였습니다. 따라서 자칫 원나라 황실과 조금이라도 관계가 나빠지면 다시금 왕위에서 내쫓길 것이라는 불안감에 사로잡혀 있었습니다. 충렬왕은 그 때문에 어떻게 해서든 원나라 황실과 좋은 관계를 이어 나가려고 했지요. 그래서 이숙이 원나라 태감이 되면 자신의 힘이 크게 강화될 것이라고 판단했던 것입니다.

충렬왕의 바람대로 이숙은 원나라 태감이 된 뒤에 충렬왕의 힘을 크게 강화시켜 주었습니다. 특히 고려가 원나라 황실에 주청(임금에게 아뢰어 청하던 일)을 올릴 때에는 그의 역할이 컸지요. 원나라 황실은 고려에서 주청이 들어오면 일단 고려 조정의 사정을 잘 알고 있던 이숙에게 조언을 얻었습니다. 그래서 이숙의 말 한마디에 충렬왕의 위신이 달라지게 되었던 것입니다.

그렇듯 이숙에게 큰 신세를 진 충렬왕은, 이숙이 원나라의 사신이 되어 고려로 왔을 때, 많은 땅과 선물을 주었습니다.

충렬왕이 이숙에 대해 얼마나 총애가 컸는지는 다음 이야기가 잘 보여 줍니다.

언젠가 이숙이 사신이 되어 고려로 왔을 때, 이숙은 충렬왕에게 청탁을 하나 했습니다. 이숙이 아주 아끼던 기생이 있었는데, 그 기생의 아들 정승주를 내승별감으로 임명해 달라고 했던 것입니다.

"알았네. 내 평창군의 덕을 입어 살고 있거늘, 별감 자리 하나 주는 거야 무슨 어려움이 있겠나."

충렬왕은 흔쾌히 그의 청을 받아들였지요. 그런데 대신들의 반대가 있었던지 정승주를 내승별감으로 임명하는 데 조금 시간이 걸렸습니다. 그러자 이숙은 서운한 마음을 감추지 않고 금강산으로 유람을 떠나 버렸지요. 충렬왕이 그를 환영하는 연회를 마련했다는 통보를 받았지만, 그는 화난 얼굴로 금강산으로 가 버렸던 것입니다.

"내가 자기를 위해 그토록 많은 일을 해 줬건만, 그까짓 별감 자리 하나를 아낀단 말인가."

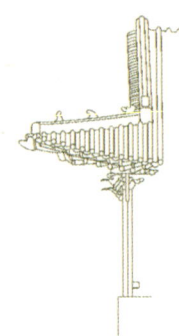

　그 소식을 듣고 충렬왕은 몹시 당황했습니다. 그래서 부랴부랴 금강산으로 사람을 보내 이숙을 달래 연회에 꼭 참석해 달라고 했지요. 그러나 이숙은 들은 척도 하지 않았지요. 충렬왕은 정승주를 별감에 임명하지 않은 일 때문에 이숙이 토라졌다고 생각했습니다. 그래서 급히 정승주를 별감에 임명한 뒤에 다시 이숙을 연회에 초대했지요. 그제야 이숙은 냉랭한 얼굴로 고개를 쳐들고 충렬왕의 연회에 참석했다는 것입니다.

　원나라 태감이 된 환관에게 구걸하듯 목을 매야 하는 고려 왕의 처지가 참으로 눈물 날 지경이었던 것은 두 말 할 것도 없었지만, 당시 이숙의 위세가 얼마나 대단했는지 알만한 대목입니다.

　이숙에 대해서는 부왕 충렬왕과 다투고 있던 충선왕도 소홀하게 대하지 않았습니다. 1298년에 부왕을 내쫓고 왕위에 오른 충선왕은 이숙을 벽상삼한정광으로 삼았습니다. 이것은 나라를 위기에서 구한 일등 공신이자 종실이나 외척에 못지않은 고귀한 신하로 대접한다는 뜻이었지요.

　당시 원나라에서 황실로부터 대단한 신임을 받고 있던 이숙에 대해서는 백성들도 잘 알고 있었습니다. 충선왕 시절에 박경량이라는 인물이 있었는데, 그는 충선왕의 본부인이자 세자빈이었던 조비의 자매의 사위였습니다. 박경량은 원래 초를 만드는 노비의 자식이었으나 왕실 외척의 사위였던 까닭에 밀직부사 벼슬에 올랐고, 충

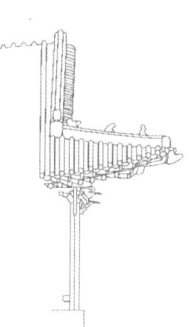

선왕이 계국공주 보탑실련의 모함으로 위기에 놓였을 때, 충성심을 발휘해 도움을 주었습니다. 그 덕으로 박경량의 부모와 자손들은 모두 노비 신분에서 벗어나 양민이 되었지요. 이때 박경량의 족속(같은 문중이나 계통에 속하는 겨레붙이)이며 노비 신분이었던 김태라는 사람은 특별히 남해 현령으로 뽑혔습니다. 그런데 김태가 남해 현령이 된 것은 박경량 덕분이 아니었지요. 겉으로는 박경량의 공에 힘입어 노비 신분을 벗어난 듯했지만, 사실은 김태의 아버지가 이숙의 친한 친구라는 사실이 결정적인 이유였습니다. 그래서 김태가 벼슬을 얻었다는 소식을 듣고 사람들은, 아버지가 원나라 태감 이숙과 친구 사이이니 이제 김태의 앞길이 훤히 열렸다고 입을 모았지요.

백성들까지 이숙을 이렇게 대단한 인물로 여기게 될 무렵, 이숙은 엄청난 계획을 짜고 있었습니다. 늘 충선왕을 못마땅하게 생각하던 그는 급기야 측근들과 힘을 합쳐 충선왕을 없애 버리려고 했던 것입니다. 이숙이 충선왕을 죽이려 한 것은 충선왕과 충렬왕의 왕권 다툼 때문이었습니다. 이숙은 충렬왕과 친했기에 충렬왕에 대한 충성심을 저버리지 않았고, 그런 탓에 아들의 도리를 버리고 아버지를 왕위에서 내쫓으려 한 충선왕에 대해 분노하고 있었습니다.

이숙과 손을 잡고 충선왕을 없애는 일에 앞장선 인물은 왕유소였습니다. 왕유소는 고려 왕족의 후예이며, 낭장 시절에 충렬왕을 모시고 원나라를 들어갔다가, 이후에는 볼모로 가족을 데리고 원에 머물렀습니다. 그런데 그의 아내 송씨가 인물이 아주 뛰어나 원나라 환관 김려의 눈에 띄었습니다. 송씨는 김려와 깊은 관계를 맺고 원나라 궁중에

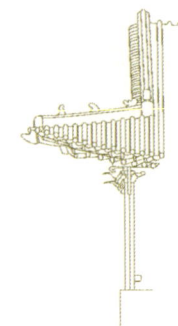

들어가게 되었는데, 그 덕분에 왕유소는 벼슬이 뛰어올라 밀직부사 좌상시에 이르렀고 다시 찬성사로 진급했습니다.

왕유소는 당시 충선왕을 몹시 싫어했는데, 마침 다시 왕으로 복위한 충렬왕이 원나라에 오자 왕에게 이렇게 말했답니다.

"전왕(충선왕)이 늘 전하를 원망하고 있으니, 분명 재앙의 불씨가 될 것입니다. 그러니 아예 없애는 것이 뒷날의 걱정을 없애는 일 아니겠습니까?"

하지만 충렬왕은 아비 된 도리로 쉽게 그의 제의를 받아들일 수 없었지요. 그런데 하루는 충렬왕이 옷을 갈아입고 나가다가 옷을 밟고 넘어져 이빨이 부러져 여러 날 동안 제대로 먹지도 못하게 되었습니다. 그때 충렬왕은 충선왕의 거처에 머물고 있었는데, 왕유소는 충렬왕에게 충선왕의 왕비 계국공주의 거처로 옮겨 지내라고 권했지요. 충렬왕이 그 의견을 따르자, 왕유소는 이숙을 불러내 흉계를 꾸민 뒤에 이숙이 황후에게 이렇게 아뢰었습니다.

"전왕이 평소에 자식의 도리를 잃고 부왕이 그 집에 기거하는데도 받들어 모시지 않아 우리 왕의 이가 부러지는 큰 사고가 났습니다. 하지만 우리 왕이 사람이 어질어 화를 내지 않으니, 제가 이렇게 달려와 아뢰는 것입니다. 또 전왕은 공주와도 화합하지 못하여 서로 등을 돌리고 살고 있어 우리 왕이 독려화(인질)로 와 있는 서흥후 왕전으로 후계를 삼고자 합니다. 원래 전왕은 오래전부터 중이 되길 원했으니, 이번에 전왕이 중이 되는 것을 허락하시고, 왕전으로 하여금 공주에게 장가들어 우리 왕의 뜻을 잇게 해 주소서."

한마디로 충선왕의 왕위 계승권을 뺏고 왕전을 충선왕 부인인 계국공주와 결혼시켜 고려 왕을 계승토록 하자는 뜻이었습니다.

당시 충선왕은 원나라 황실로부터 신임을 얻기 위해 황실의 종친인 감마랄의 딸 계국공주와 결혼했지만 서로 정은 별로 없었습니다. 충선왕은 자신의 본부인 조비를 사랑했고, 계국공주는 그에 대한 질투심을 이기지 못했지요. 그래서 충선왕이 고려 제도를 다시 되살리고 자주성을 높이려 한다고 원나라 황실에 고발했습니다. 그 때문에 충선왕은 왕위에서 밀려나야만 했어요. 그 후 충선왕은 원나라에 가서 머물게 되었는데, 여전히 공주와 사이가 좋지 않았습니다. 이때 충렬왕은 원에 머물고 있던 이숙, 왕유소 등을 이용하여 충렬왕이 후계자로 지목한 왕전과 계국공주를 결혼시키려는 음모를 꾸미게 된 것입니다.

왕전은 신종의 3대손으로 충렬왕과는 10촌 사이였습니다. 충렬왕은 충선왕을 미워한 나머지 속으로 왕전을 자신의 후계자로 정하고 충선왕을 없애려는 계획을 진행했으며, 계국공주를 충선왕과 이혼시켜 왕전에게 다시 시집가게 하려고 했습니다. 그렇게 되면 계국공주의 힘에 의지하여 왕전이 충렬왕에 이어 고려 왕이 될 수 있다고 판단했지요.

이숙은 바로 이 계획의 핵심 인물이었고, 왕유소는 행동대장이었던 셈이었습니다. 둘은 각각 임무를 나눠 이숙은 황실 쪽을 맡고, 왕유소는 조정을 맡기로 했던 것입니다.

이숙이 황후에게 계국공주와 충선왕을 이혼시키고, 계국공주를 왕전과 결혼하도록 해야 한다고 주청할 무렵에는 이미 계국공주와 왕전의 관계가 제법 무르익어 있었지요. 남편으로부터 사랑받지 못한 계국공주는 이숙의 주선으로 만난 왕전에게 마음을 뺏기고, 어느덧 그에게 시집갈 마음을 품게 된 것입니다.

이숙의 그런 말을 들은 황후는 마음이 흔들렸습니다. 어차피 계국공주가 충선왕의 사랑을 받지 못할 바에는 차라리 왕전에게 시집보내 공주가 사랑받으며 사는 길을 열어 주는 것이 좋을 듯도 했지요.

그 시간, 왕유소는 원나라 좌승상 아홀태와 평장사 팔도마신에게 같은 말을 했고, 그들의 승낙을 얻어 냈답니다. 그런데 충선왕 측에서도 왕유소와 이숙이 자신을 없애려 한다는 말을 듣고 급히 움직였습니다. 충선왕은 박경량, 유복화, 이진, 이유, 홍선, 강유 등 원나라 신하들과 친분이 있는 사람들을 이용해 대응책을 마련했습니다. 충선왕이 부하들을 시켜 연락한 인물은 우승상으로 있던 답라한이었습니다. 다행히 답라한이 충선왕의 처지를 받아들이고 왕유소의 음모를 막아 주기로 약속했지요.

그런 사실도 모르고 왕유소는 우승상 답라한에게도 똑같은 말을 하여 계국공주를 왕전과 다시 결혼시키는 것에 동의해 달라고 청했습니다. 그러나 답라한은 오히려 왕유소를 강하게 공격했지요.

"그대는 신하로서 어찌하여 그런 망발(그릇된 말이나 행동을 함)을 하는가? 익지예보화왕(원나라에서 내린 충선왕의 봉작)은 세조의 생질(누이의 아들)이며, 보탑공주는 종실의 딸이다. 그런데 보탑공주를 개가(결혼했던 여자가 다시 다른 남자와 결혼하는 것)시키는 것이 도리에 맞다고 생각하는가?"

그런데도 왕유소는 충선왕이 공주를 전혀 사랑하지 않으며, 아버지조차 섬기지 않는 불효자라고 말하면서 공주와 왕전을 결혼시켜 왕전이 왕위를 잇도록 도와달라고 했습니다.

하지만 답라한은 단호했답니다.

"서흥후 왕전이 왕의 아들인가?"

"아닙니다."

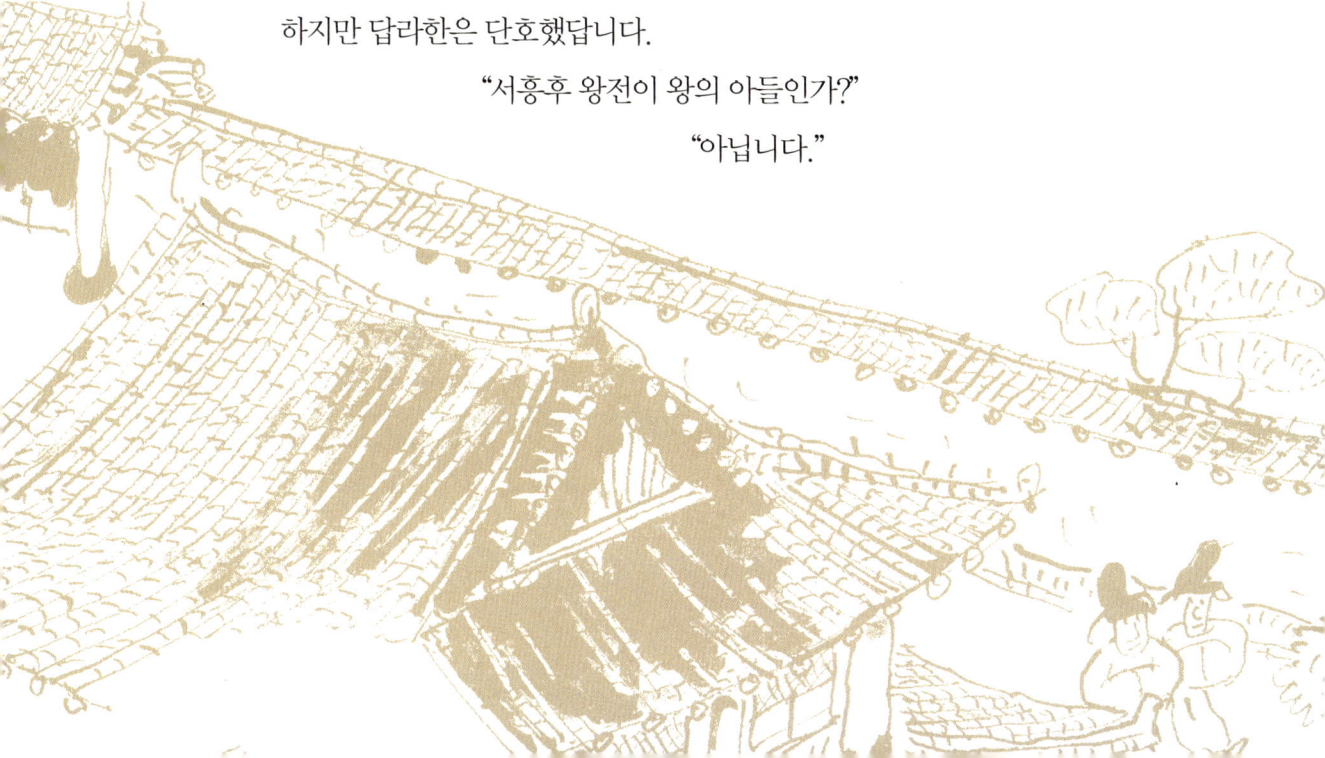

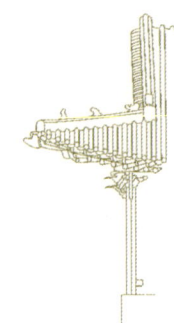

"그렇다면 서흥후는 누가 낳았느냐?"

왕유소가 그 물음에 제대로 대답을 못하자, 답라한이 다그쳤어요.

"왕의 아들도 아니고, 왕비의 아들도 아닌 자를 어떻게 왕으로 삼고자 하는가? 너도 마땅히 왕씨 성을 쓰는 고려의 종친인데, 그 정도도 모른단 말이냐?"

왕유소는 결국 그렇게 물러나고 말았습니다.

그 무렵, 충선왕의 심복(마음 놓고 일을 맡길 수 있는 사람)들인 홍자번 등이 원나라 중서성에 왕유소가 고려 왕 부자를 이간질하고 있다고 고발을 했습니다. 그러자 중서성에서는 충렬왕과 충선왕을 모두 불러 면담을 하고, 왕유소와 그 일당들을 모두 잡아와 하옥시켰지요. 그쯤 되자, 충렬왕은 그야말로 읍참마속(큰일을 위해 눈물을 머금고 아끼던 것을 과감하게 버리는 것)의 심정으로 왕유소와 일당들을 벌줘야 한다고 스스로 주청했습니다.

하지만 왕유소가 갇혔다는 소식을 듣고 계국공주는 몹시 노하여 성을 냈고, 덕분에 왕유소는 무사히 풀려났지요. 충선왕은 왕유소의 석방에 분개했지만, 힘이 없었던 까닭에 어쩔 수 없었어요.

그때 원나라 황제 성종은 병을 앓고 있었는데, 후계를 이을 아들이 없었습니다. 그 때문에 황실에선 치열한 황위 계승권 싸움이 벌어지고 있었지요. 충선왕은 과감히 이 싸움에 가담하여 회령왕 하야산을 지지했습니다. 그리고 하야산(무종)이 결국 황태자에 책봉되자, 충선왕의 정치적 힘은 크게 강해졌습니다.

충선왕의 세력이 커지자, 위기를 느낀 왕유소는 환관 김홍수를 시켜 충선왕을 독살할 음모를 꾸몄습니다. 이를 위해 김흥수는 시녀 무로지를 끌어들여 충선왕의 총애를 받도록 했고 그녀에게 독약을 줘 충선왕을 죽일 계획이었습니다. 그러나 무로지는 충선왕에게 모든 음모를 실토해 버렸습니다. 이에 충선왕이 왕유소를 비롯한 그 일당들을 일망타진(한꺼번에 다 잡는 것)하는 한편, 충렬왕의 측근들을 모두 없앴으니, 그 수가 무려 36명이었습니다.

충선왕이 이처럼 충렬왕의 측근들을 한꺼번에 없앤 시기는 1307년이었는데, 이때는 아직도 충렬왕이 왕위에 있던 때였습니다. 물론 손발이 되어 줄 측근들을 모두 잃고 실권을 모두 충선왕에게 넘겨 준 상태였지요.

그런데 충선왕이 모두 실권을 장악한 뒤에도 충렬왕 측근 중에 없애지 못한 사람이 있었습니다. 바로 이숙이었습니다. 이숙은 충선왕을 제거하려던 음모의 핵심이었고, 후에 충선왕 독살사건에도 연관이 있었을 것입니다. 그런데도 충선왕은 그를 없애지 못했어요. 오히려 충선왕은 재위 2년 되던 해인 1310년 9월에 이숙에게 평창군의 봉호를 내렸습니다. 이숙에 대한 원나라 황실의 신임이 워낙 두터웠기에 충선왕조차도 그를 어찌 할 수 없었던 것이지요.

왕을 죽이려는 역모를 꾀하고도 버젓이 살아남아 공신 행세를 하며 거들먹거렸던 환관 이숙, 그리고 자신을 죽이려 한 환관에게 군호를 내릴 수밖에 없었던 충선왕. 이것은 원나라 속국 시대의 고려처럼 주권을 잃은 비통한 나라의 역사에서만 발견될 수 있는 서글픈 기록이라 할 수 있겠지요.

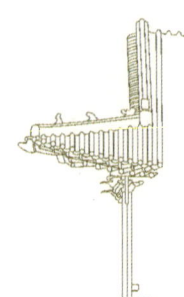

고려의 국호를 지킨 방신우

방신우(方臣祐)는 충렬왕에서 충혜왕 대까지 환관으로 지냈으며, 원나라에서 7명의 황제와 2명의 태후를 섬겼던 인물입니다. 그는 경상도 상주 중모현(지금의 상주 모동면)의 하급 관리였던 방득세의 아들이며, 어릴 때 이름은 소공입니다. 충렬왕 때에 환관이 되어 궁중에서 급사 노릇을 하다가 안평공주(충렬왕의 왕비 제국대장공주)를 따라 원나라에 들어갔지요. 그 후 성종의 비, 유성황후를 섬기면서 '망고대'라는 이름을 하사받고 원나라 태감이 되었습니다. 당시 황제였던 원의 성종은 그에게 장알승 벼슬을 주고 천부대경의 작위를 내렸습니다. 또 무종 대에는 황태후를 섬기며 홍성궁 원사에서 장작원사로 승진했다가 평장정사의 벼슬에 올랐지요.

그는 황태후를 섬기면서 여러 차례 충선왕을 위기에서 구하고, 고

> 내가 고려를 위해 큰일을 했지.

려의 이익을 위해 힘쓰기도 했습니다. 그가 평장정사에 올라 있을 때, 원나라 요양행성의 우승으로 있던 홍중희가, 충선왕이 법을 지키지 않고 횡포를 일삼는다고 참소를 했습니다. 홍중희는 원나라가 고려를 지배할 무렵에 원의 고려 공격에 앞장선 덕에 동경총관이 되었던 홍복원의 후손입니다. 홍중희는 충렬왕과 충선왕이 왕권을 놓고 다툴 때 충렬왕 편에 섰던 인물인데, 이때 그가 문제 삼은 것은 충선왕이 심양 왕과 고려 왕을 겸직하고 있다는 사실이었습니다. 또 충선왕이 권력을 이용하여 원나라 정치와 여러 이권에도 간여하고 있다고 하면서 중서성에서 이를 조사해 달라고 요청한 것입니다.

　원나라 조정은 일단 홍중희의 의견을 받아들여 충선왕에게 심양 왕 자리를 내놓고 고려로 돌아갈 것을 종용(달래어 권하는 것)했지요. 그러자 충선왕은 심양 왕을 그대로 유지하고 고려 왕을 세자(충숙왕)에게 물려주는 것으로 문제를 매듭지으려 했습니다. 그러나 홍중희는 거기서 멈추지 않았어요. 충선왕이 황실의 한 사람임을 내세워 정치에 간섭하고 이권에 개입한 것을 중서성에서 세밀하게 조사해야 한다고 거듭 주장했지요. 중서성은 이를 받아들여 홍중희와 충선왕을 함께 불러들여 대질심문(원고, 피고, 증인 등을 마주 대해 따져 묻는 일)하기로 결정했습니다.

　이렇게 되자, 충선왕의 처지가 매우 난처해졌지요. 충선왕은 원나라 정치에 깊이 관여하고 있었고, 그 일을 위해 옳지 않은 방법으로 고려에서 막대한 자금을 가져다 쓰고 있었습니다. 이 때문에 고려 조정은 재정적으로 매우 어려운 상태였고, 홍중희는 그런 사실을 부각

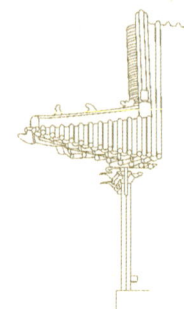

시켜 충선왕을 고려로 내쫓고 원나라 정치 일선에서도 완전히 은퇴시키려 했던 것입니다.

만약 중서성에서 홍중희와 함께 대질심문을 받는다면 십중팔구 충선왕은 질 게 뻔했습니다. 홍중희가 내놓은 증거들은 비교적 명백한 것들이었고, 원나라 조정에서도 충선왕에게 의심의 눈길을 보내고 있던 터였으니까요. 더구나 자신이 지지했던 무종이 죽고 인종이 들어선 상태였기에 충선왕의 정치적 처지도 별로 좋지 못했습니다.

이렇듯 충선왕은 궁지에 몰려 빠져나올 방도를 마련하지 못하자, 자신에게 매우 호의적이었던 수원황태후에게 도움을 청하고자 했습니다. 그러나 자신이 직접 그 일을 한다면 변명으로 보일 수 있기 때문에 자신을 위해 대신 이야기해 줄 인물을 구하고 있었는데, 이때 그에게 도움의 손길을 내민 사람이 바로 방신우였습니다.

방신우는 충선왕을 구하기 위해 자신이 모시고 있던 황태후에게 이

렇게 말했습니다.

"홍중희는 그 조상이 고려인이라 마땅히 고려 백성이라 할 수 있는데, 지금 고려의 상왕을 내쫓고자 하고 있습니다. 이것은 백성으로서 임금을 배반하는 것이며, 나라를 뒤집어 엎으려는 역모와 같습니다. 그러니 마땅히 그의 목을 쳐서 죄를 물어야 할 것인데, 지금 중서성에서는 홍중희와 고려 상왕을 대질시켜 한자리에 세우고자 한다니 있을 수 있는 일이옵니까?"

그 말을 들은 황태후는 방신우의 판단이 옳다고 여기고 인종을 찾아가 말했습니다.

"심양 왕은 세조의 외손이고 황실의 종친이며, 여러 대에 걸쳐 황제를 도운 공신입니다. 그리하여 그 공으로 심양 왕에 올랐는데, 홍중희가 고려인으로서 자기 왕을 업신여기고 중상모략(남을 해치려고 일을 꾸미는 것)하고 있어요. 이것은 개가 주인을 물고자 하는 것과 같은 일인데, 중서성에서 홍중희의 고발을 곧이듣고 심양 왕과 나란히 세워 대질케 한다니 있을 수 있는 일이오?"

황태후의 말을 들은 인종은 명령을 내려 홍중희와 충선왕의 대질을 중지시키고, 홍중희에게 매를 쳐서 조주로 유배 보냈습니다. 그러자 홍중희는 방신우와 충선왕에게 깊은 원한을 가지게 되었고, 유배가 풀리면 무슨 짓을 해서라도 충선왕을 내쫓을 궁리를 했답니다. 한편, 방신우에게 큰 신세를 진 충선왕은 그를 중모군에 봉하고, 웬만한 재상보다 각별하게 대접했지요.

그 무렵에 고려의 이권이 달린 중요한 사건이 하나 터졌습니다. 북

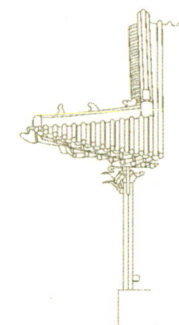

방에 머물고 있던 팔려미사라는 인물이 원나라에 항복하기를 거부하다가 결국 무릎을 꿇고 귀순했습니다. 이에 원나라 조정은 팔려미사의 귀순을 환영하며 그가 머무를 땅을 찾아냈지요. 대신들은 논의 끝에 팔려미사에게 압록강 동쪽의 고려 땅을 내주려고 했습니다. 이 때문에 고려 조정이 발칵 뒤집혔지요. 팔려미사에게 고려 땅을 내주면 이것이 전례(근거로 삼는 본보기)가 되어 향후에도 원나라에 귀순한 무리들에게 고려 땅을 내주는 사태가 이어질 게 뻔했기 때문입니다. 또 팔려미사에게 내준 땅은 그의 사유지나 다름없이 여겨져 고려의 영토가 줄어드는 결과를 낳을 수 있었습니다.

충선왕도 마땅한 해결책을 찾지 못하고 고민하고 있었는데, 그때 방신우가 원 황제에게 이렇게 말했습니다.

"고려는 땅이 좁고 산이 많아 농사하고 목축할 만한 곳이 없습니다. 더구나 북방 사람들은 목축을 하며 사는데, 고려 땅에서는 그런 풍속을 유지하며 지낼 수가 없을 것입니다. 또한 팔려미사가 고려 땅에 머무르게 되면 그곳의 고려 백성들이 크게 놀라 자칫 큰 변란이라도 날까 염려되옵니다."

당시는 영종 시절이었는데, 영종이 그 소리를 듣고 옳다고 여겨 팔려미사에게 고려 땅을 내주려는 계획을 중지시켰습니다.

고려 백관(모든 벼슬아치)이 모두 모여 묘안(뛰어난 방법)을 짜내도 못하던 일을 한낱

> 고려 왕보다 힘이 세네.

환관이 세 치 혀로 해결했으니, 그의 위세가 고려 왕보다도 대단했던 것은 어쩌면 자연스런 일인지도 모르겠습니다.

그렇게 큰 공을 세우고 방신우가 고려 땅을 방문하자, 백관이 모두 국경으로 달려가 그를 맞이했지요. 하지만 방신우는 원나라에서 권세를 잡은 태감들이 그렇듯이 고려 신하들을 몸종 대하듯 했답니다. 자기에게 머리를 숙이지 않는 재상들에게 심한 모욕을 주는가 하면, 심지어 그 앞으로 끌고와 매를 때리기도 했답니다. 또 지방을 돌아다닐 땐 각 도의 수령과 백성들이 앞다투어 재물을 바쳤지만, 그는 웬만한 재물엔 눈길도 주지 않았지요.

당시 전라도 체찰사로 있던 이중구는 선물로 종이를 바쳤는데, 방신우는 그의 선물을 받기는커녕 형편없는 선물을 바쳤다고 트집을 잡아 모욕을 주기도 했으니까요. 또 개성의 판관으로 있던 이광시는 자기 딸을 방신우의 아내로 바쳐 환심을 얻기도 했답니다.

이렇듯 그는 거만하고 욕심 많은 인물이었지만, 또 한 번 고려의 국익에 큰 보탬이 되는 일을 했습니다. 충선왕을 내쫓으려다 방신우의 방해로 유배되었던 홍중희는 조정으로 돌아오자 곧 새로운 모략을 짰습니다. 그는 아예 고려국을 없애 버리면 고려에는 왕도 신하도 필요 없을 것이라고 판단하고 중서성에 이런 제의를 했지요.

"고려는 대원제국에 복속(복종하여 따르는 것)된 지 오래인데, 아직 국호를 쓰고 있으니 형평에 맞지 않습니다. 송이 망하여 국호를 잃었고, 금 또한 망하여 국호를 잃었으며, 중원의 모든 나라가 대원에 복속되어 국호를 버린 지 오래인데, 어째서 고려는 아직도 국호를 버리지 않고 있는 것입니까? 이것은 장차 반란의 불씨가 될 수 있으니, 고려 땅에 성(省)을 설치하고, 국호를 없애는 것이 마땅합니다."

원나라 중서성은 홍중희의 말이 옳다고 생각하고, 고려에 성을 설치한다는 계획을 세웠습니다. 이 소식을 들은 고려 조정은 또 한 번 발칵 뒤집혔습니다. 원나라에서 고려에 성을 설치할 경우, 고려는 조정은 물론이고 왕도 없어져 그야말로 완전히 나라가 사라지는 상황이 되는 것이었습니다.

이 일로 고려 조정에서는 김이 등을 파견해 고려에 성을 설치하는 것이 옳지 않다고 주장했지만, 원나라 조정은 고려 조정의 의견을 거의 무시해 버렸습니다. 그동안 원에 머물며 큰 방패막이 역할을 했던 충선왕도 원나라에서 내쫓길 판이어서 전혀 도움이 되지 않았지요.

이때 방신우가 또 한 번 나섭니다. 그는 자신이 모시고 있던 수원황태후에게 고려에 성을 설치하는 것이 옳지 않으며 위험하다는 것을 알리고 계획을 취소해 달라는 청을 넣었고, 수원황태후가 그의 요청을 받아들여 황제에게 그 논의를 멈추도록 했습니다.

　방신우는 그동안 수백 명의 승려를 동원하여 황태후의 복을 빌기도 했고, 고려의 대장경을 베껴 쓰게 하여 수원황태후가 내린 금박으로 금자대장경을 만들어 바치기도 했습니다. 수원황태후는 그런 방신우를 매우 총애했고 결국 고려를 구하는 결과로 이어졌던 것입니다. 물론 당시 고려에서는 많은 신하들을 파견하여 고려의 국호를 없애고 성을 설치하는 것을 막으려 했지만, 결정적으로 방신우의 도움이 없었다면 고려는 국호를 잃고 말았을 것입니다.

　충숙왕은 방신우의 공을 침이 마르도록 칭찬하며 그를 상락부원군에 봉하고, 추성돈신양절공신이라는 호를 내렸지요. 또한 현령으로 있다가 죽은 방신우의 아버지를 상주 목사로 추증했고, 그의 친척 박려는 한낱 농부에서 첨의평리에 올랐습니다. 또 박려의 아들 박지정은 총랑전서가 되었답니다.

　방신우는 충숙왕 17년인 1330년에 퇴직하여 고려로 돌아왔으며, 이때 선흥사를 크게 늘려 짓고 그곳에서 지냈습니다. 이후 1342년에 원나라로 소환되어 궁에 들어갔다가 이듬해에 죽었답니다.

왕보다 높았던 환관 고용보

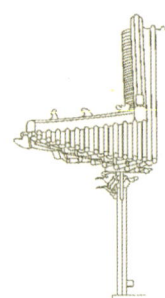

고용보(高龍普)는 충혜왕에서 충정왕 대의 환관으로, 그의 원래 이름은 용복이며 전주 출신입니다. 그런데 권력이 하늘을 찌를 듯해 고려 왕조차 그에게 고개를 숙였을 정도였다고 합니다.

고용보는 환관이 된 뒤로 원나라에 들어가 황제의 총애를 받았으며, 궁궐의 재정을 관리하는 자정원사(資政院使) 벼슬을 받았지요. 이에 고려의 충혜왕은 복위 3년인 1342년 2월에 고용보를 삼중대광 완산군에 봉했습니다. 삼중대광의 벼슬은 재상으로 있다가 죽은 사람이나 외척 또는 공신에게나 내리는 벼슬인데, 그에게 이런 벼슬을 내렸다는 것은 고용보를 재상 이상으로 예우했다는 뜻이지요.

그에게 삼중대광 벼슬을 내린 충혜왕은 우리 역사에서 익히 보기 힘든 패륜아였습니다. 1330년

> 난 재상보다 높았어.

에 16세의 나이로 왕위에 오른 그는 나랏일은 제쳐놓고 향락과 여색에 젖어 지내다가 즉위 2년 만에 원 황실에 의해 폐위되었습니다. 그 뒤 1339년에 부왕 충숙왕이 죽자 복위되었는데, 이때의 그의 행각은 한층 대담해져 차마 입에 담을 수 없을 정도의 패륜을 일삼았지요.

부왕의 후비들을 닥치는 대로 빼앗았는데, 원나라 황실녀인 숙공휘령공주는 충혜왕의 부하들에게 당하기도 했습니다. 또 일반 민가의 아낙들을 빼앗는 등 이루 말할 수 없을 정도로 많았지요.

결국 이 일들은 휘령공주의 고발로 원나라 사신들의 귀에 들어갔고, 충혜왕은 당시 사신으로 왔던 두린에게 체포되어 원나라로 끌려갔습니다. 원나라에서 감옥에 갇힌 채 심문을 받던 그는 원나라의 대신 탈탈대부의 도움으로 겨우 풀려나 고려로 돌아올 수 있었지요.

이때 원나라 황실에 중대한 사건이 일어났습니다. 고려 출신의 궁인 기씨가 원나라 순제의 황후에 오른 것입니다. 기황후는 고려인 기자오의 딸이었는데, 그녀가 황후가 되자 고려인의 입지는 크게 강화되었습니다. 특히 고려 출신 환관들의 영향력이 크게 커졌는데, 고용보는 그런 상황을 놓치지 않았습니다.

기황후 무덤 앞 동자석
고려인 기자오의 딸로 중국 원나라 순제의 황후가 되었던 기황후 무덤 앞에 있는 동자석이다.

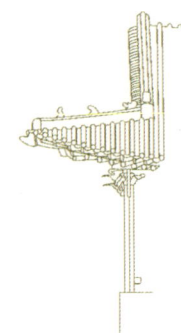

 1342년에 고용보는 황제의 명을 받아 기황후의 어머니 이씨를 원나라로 모셔 가기 위해 고려로 왔고, 충혜왕은 고용보를 연경궁에 초대하여 향연을 베풀고 선물을 안겼습니다. 이때 고용보는 고려에 남아 있던 기황후의 친척들과 좋은 관계를 맺은 것입니다.
 그 무렵 충혜왕은 전과 다름없이 나쁜 짓을 일삼고 있었습니다. 그는 전국 어디서든 아름다운 여자가 있다는 소리를 들으면 신분이나 처지에 관계 없이 즉시 궁중으로 데려와 버렸습니다. 심지어 원나라에 사신으로 간 재상의 아내까지 빼앗았습니다. 이렇게 되자, 거리의 불량배들이 왕을 사칭하고 관리의 아내를 빼앗는 사태까지 벌어졌습니다.
 충혜왕의 짓이 이처럼 너무 심해지자, 당시 조정을 휘어잡고 있던 기황후의 오빠 기철은 원나라 조정에 고려 왕을 소환해 달라고 청하게 됩니다. 원 황실은 그 요청을 받아들여 충혜왕을 소환할 것을 결정하고, 대경 타적과 낭중 별실가 등을 고려에 파견하기로 했습니다. 이때 원나라 조정은 혹시 충혜왕과 그의 무리들이 반발할지도 모른다는 생각에 타적과 별실가를 고려로 보내기 전에 고용보를 먼저 파견했답니다. 고려를 찾은 고용보의 손에는 황제가 내린 옷과 술이 들려 있었지요. 일단 고용보를 통해 충혜왕을 방심하게 만든 뒤, 기회를 봐서 그를 체포한다는 계획이었어요.
 그러나 고용보가 개성에 온다는 소식을 전해 들은 충혜왕은 직접 궁 밖으로 나가 맞이했습니다. 그리고 고용보에게 융숭한 대접을 하고 엄청난 양의 포를 선물로 안기며 아부를 떨었지요. 고용보의 말 한

마디에 자신의 목숨이 달렸다는 것을 잘 알고 있었던 것입니다. 하지만 고용보는 많은 선물을 챙기면서도 한편으론 그를 없앨 계획을 짜고 있었습니다.

당시 조정에는 신예라는 인물이 있었는데, 그는 고용보의 처외숙(아내의 외삼촌)이었습니다. 고용보는 첨의평리 벼슬에 있던 신예에게 군대를 움직여 도성 밖에 숨어 있다가 타적과 별실가가 오면 충혜왕을 체포하는 것을 도와주라고 했습니다.

고용보가 그런 조치를 내렸을 때, 정동행성에는 타적과 별실가가 도착해 있었습니다. 원나라에서는 황제가 하늘과 땅에 제사를 올리고 죄 지은 자들을 용서할 것을 반포한다면서 고려 왕으로 하여금 황제의 명을 받들라고 했습니다. 하지만 충혜왕은 병을 핑계하며 도성 밖으로 나가려 하지 않았지요. 느닷없이 황제가 제사를 올린다는 것도 수상하고, 갑작스럽게 죄인들을 용서하라는 황제의 명을 받들라는 것도 꺼림칙했던 것입니다.

그러자 고용보는 충혜왕에게 이렇게 말했습니다.

"황제께서 늘 왕을 불경하다고 하는데, 만약 이번에 나가지 않으면 황제의 의심이 더욱 심해질 것입니다."

그 말에 겁먹은 충혜왕은 할 수 없이 궁궐 바깥에 나가 타적 일행을 맞이하고 황제가 내린 조문을 듣기 위해 정동행성으로 갔지요. 하지만 충혜왕이 정동행성에 들어서자마자 타적이 충혜왕을 발로 걷어차며 소리쳤습니다.

"이놈을 당장 잡아 묶어라!"

제2장 우리의 역사를 뒤흔든 환관들 103

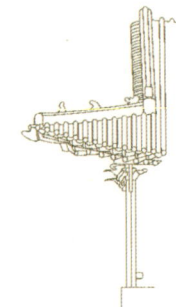

　원나라 병사들이 충혜왕을 포박하자 다급해진 충혜왕이 소리쳤습니다.

　"이게 무슨 일이오? 고원사를 불러 주시오."

　충혜왕이 그렇듯 고용보를 애타게 찾고 있을 때, 고용보는 제 발로 걸어 들어와 말했습니다.

　"도대체 이 사람은 왜 찾는 것인가? 황녀와 황관의 아내와 재상과 백성들의 아내를 빼앗은 네놈이 무슨 할 말이 있단 말이냐!"

　이쯤 되자, 충혜왕은 고개를 떨구며 할 말을 잃었습니다.

　타적은 곧 충혜왕을 묶어 말에 태운 뒤, 고용보에게 고려 조정을 안정시키라는 명령을 남기고 원나라로 떠났습니다. 고용보는 권정동성에 임명되어 충혜왕에게 빌붙어 있던 자들을 죽이거나 옥에 가두고, 충혜왕에게 붙잡혀 온 126명의 궁인들을 모두 돌려보냈습니다. 이때 그는 자기 세력을 조정에 심어 놓기 위해 자신과 친했던 조성주, 윤원우, 송명리 등은 살려 주었지요.

이렇듯 충혜왕 세력을 없앤 고용보는 기철에게 고려 조정을 맡기고, 충혜왕의 큰아들 흔을 가슴에 안고 원나라로 돌아갔습니다.

그 무렵 원나라에 압송된 충혜왕은 연경에서 2만 리나 떨어진 곳에서 유배되어 있었는데, 1344년 정월에 유배지로 가던 도중 악양현에서 의문의 죽임을 당했습니다.

충혜왕이 죽자, 고용보는 큰아들 흔을 안고 원나라 순제 앞에 나아갔습니다. 이때 흔은 8세였습니다.

순제가 어린 흔을 보더니, 이렇게 물었지요.

"너는 아비를 본받으려 하느냐, 아니면 어미를 본받으려 하느냐?"

그러자 흔이 이렇게 대답했습니다.

"어머니를 본받고자 합니다."

흔의 어머니는 원나라 황실녀인 정순숙의공주(덕녕공주)였습니다.

흔의 대답을 듣고 순제는 기꺼워하며 말했지요.

"어미를 닮아 영특하구나. 이 아이를 고려 왕으로 삼아야겠다."

이렇게 고용보의 품에 안긴 채 고려 왕에 오른 사람이 곧 충목왕입니다.

어린 충목왕이 왕위에 오르자, 그의 어머니 정순공주가 섭정(임금 대신 정치하는 것)을 했지요. 이때 정순공주는 자신의 아들을 왕위에 올린 고용보에게 12자나 되는 공신 칭호를 내렸고, 이런 까닭에 고용보가 고려에 오면 재상들은 물론이고 왕까지 그에게 절을 할 정도였

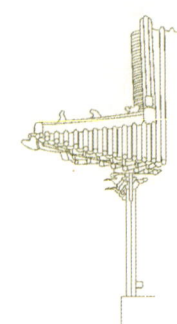

습니다.

고용보의 위세가 얼마나 대단했는지는 다음 이야기를 통해 잘 알 수 있습니다.

충목왕 시절에 찬성사에 올라 있던 강윤충이란 인물이 있었는데, 그는 조선 태조의 왕비 신덕왕후 강씨의 숙부였습니다. 천민 출신이었지만 충숙왕을 섬겨 호군 벼슬을 얻었고, 조적의 난 때에 충혜왕을 보호한 공로로 일등 공신에 올라 밀직부사가 되었지요. 그리고 충목왕에 이르러 찬성사가 되었는데, 이때 충목왕의 어머니 정순공주와 연애를 하며 권력의 핵심이 되었습니다.

그러자 어느 날 누가 붙였는지 알 수 없는 방이 한 장 붙었습니다.

> 찬성사 강윤충이 한 환자와 시녀를 매수하여 왕의 어머니와 궁에서 음란한 짓거리를 하여 조정을 해치고 있다. 또 태후의 사랑을 기반으로 하유원과 더불어 정치도감의 국사를 망치고 있으니, 이 두 사람을 처단하면 나라에 근심이 사라질 것이다.

이 방을 보고 대신들이 고용보에게 이렇게 말했습니다.

"강윤충이 왕의 어머니와 간통하였으므로 죄악이 가득합니다. 또 강윤충은 원사께서 오신다는 말을 듣고 왕께 아뢰기를, 고용보가 충혜왕을 모함하여 악양에서 죽게 하고 그 죄를 짓고도 버젓이 왔으니, 원사를 후대하지 말라고 주장하고 있습니다."

고용보가 그 말을 듣고 강윤충을 찾아가 무섭게 호통쳤습니다.

"네놈의 무례와 방자함을 그냥 두고 볼 수가 없구나. 이제부터 궐에 오지 말라. 내 눈에 띄면 죽을 것이다."

그 말에 겁먹은 강윤충은 병이 났다고 핑계하며 한동안 관청에 나타나지 않았습니다. 그리고 은밀히 고용보의 어머니를 찾아가 뇌물을 주고 자신을 좀 잘 봐 달라고 사정해 겨우 목숨을 건졌지요.

고용보의 이런 위세는 충목왕이 죽고 충정왕이 들어선 뒤에도 꺾이지 않았답니다. 하지만 1351년에 공민왕이 들어서면서 하늘을 찌를 듯하던 그의 위세도 한 풀 꺾였지요. 어사대에서 고용보가 권력을 함부로 쓴다는 탄핵 상소를 원나라 황제에게 올린 것입니다.

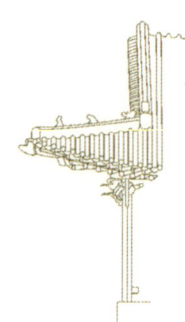

> 고용보가 황제의 총애를 받아 권세를 부리고 위세를 떨치니, 승상(정승)과 친왕(황제의 아들이나 형제)이 그 위세에 눌려 쫓아가 절을 할 지경입니다. 또한 재물과 뇌물을 모아 금과 비단이 산처럼 쌓였고, 권세가 온 세상을 움직일 정도입니다. 부디 그를 죽여서 세상을 구하소서.

이 말을 듣고 원나라 황제가 그를 금강산에 유배 보냈습니다. 얼마 뒤에 원나라 황실에서 그를 다시 불렀지만, 그때 이미 원나라는 몰락의 길을 걷고 있었습니다. 눈치 빠른 고용보가 그런 상황을 알지 못할 리 없었지요. 그는 재빨리 원나라 조정에서 몸을 빼 고려로 돌아왔습니다.

그가 고려로 돌아오자, 예전에 그에게 혈육을 잃은 사람들이 그를 살인죄로 고발했고, 전법서에서는 그를 체포하려고 했지요. 하지만 조정에는 여전히 그의 세력들이 버티고 있었습니다. 특히 그의 처외삼촌인 신예는 막강한 권력을 쥐고 있었는데, 그 덕분에 무사할 수 있었습니다.

그 무렵, 공민왕은 과감한 개혁 정책을 펴며 원나라에서 벗어나기 위해 안간힘을 쓰고 있었습니다. 이런 공민왕의 개혁 정치에 위기를 느끼고 있던 판삼사사 조일신이 1352년에 정변을 일으켜 조정을 휘어잡았습니다. 그러나 조일신도 고용보에게만은 감정이 좋지 않아 그를 찾아 죽이려 했지만, 고용보는 산으로 몸을 피해 겨우 살아남았답니다.

　조일신의 난이 실패로 끝난 뒤, 고용보는 머리를 깎고 승려가 되어 가야산 해인사에 머물렀습니다. 그가 승려가 된 것은 살아남기 위한 방법이었습니다. 그러나 이미 친원 세력들을 한꺼번에 없애며 개혁의 칼날을 휘두르고 있던 공민왕은 그를 용서하지 않았습니다. 그는 공민왕 11년인 1362년 2월, 왕명을 받은 어사중승 정지상의 칼에 죽임을 당했던 것입니다.

조선의 환관 제도를 정착시킨 김사행

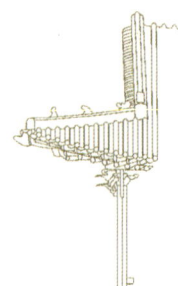

내가 조선의 대표적인 환관이야.

김사행(金師幸)은 고려 공민왕 대부터 조선 태조 대에 걸쳐 환관 벼슬을 했던 인물로, 원래 이름은 광대였습니다. 그는 환관이 된 뒤에 원나라에 잠시 머물렀으나, 원이 홍건적에 밀려 몰락하게 되자 고려로 돌아와 공민왕을 섬겼지요. 그리고 왕의 신임을 얻어 내시부사에 올랐습니다.

그러나 공민왕이 제명대로 살지 못하고 죽고, 우왕이 왕위에 올랐을 때 한 차례 시련이 닥쳤습니다. 왕의 내시로서 왕을 꼬드겨 사치하게 만들고 함부로 궁궐을 증축하여 백성을 곤란에 빠뜨렸다는 죄목으로 재산을 모두 빼앗기고 익주(전북 익산)의 관노가 되어야 했으니까요. 다행히 몇 년 뒤에 우왕의 부름을 받고 궁궐로 돌아왔으나, 얼마 되지 않아 위화도 회군으로 우왕이 쫓겨나고 다시 창왕도 쫓겨나는

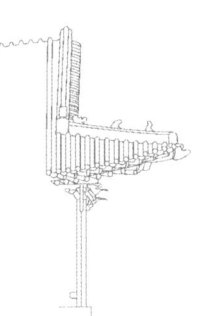

바람에 불안한 궁궐 생활을 해야만 했습니다.

그는 공양왕 때에 이르러 내시부사에 복귀했으나, 이때도 여러 번 탄핵을 당했습니다. 김사행은 불교를 받들고 있었는데, 당시 새롭게 조정을 휘어잡은 신유학파(성리학) 세력이 그를 좋게 보지 않았던 것입니다. 그런 까닭인지 몰라도 신유학파 세력의 유학적인 가치를 왕에게 가르치는 경연에 대해서 김사행은 탐탁치 않게 생각했던 모양입니다.

하루는 공양왕이 경연장에 가려고 하자, 그가 말리며 이렇게 말했습니다.

"시일이 충분하니 하루쯤 출강하지 않아도 정사에 해로울 것이 뭐 있겠습니까?"

그러면서 그는 드러내 놓고 불교가 좋다고 강조했습니다.

"부처의 가르침은 유학자들의 말처럼 그렇게 속이는 것이 아닙니다. 사람은 다 같은 사람인데도 어떤 사람은 세상의 주인이 되고, 또 어떤 사람은 한 나라의 주인이 되며, 어떤 사람은 평민이 됩니다. 이렇듯 사람에게 귀천이 있는 것은 전생에 이룬 선행 때문에 영향받는 것이옵니다."

조정 관리들이 그 말을 듣고 강력하게 김사행을 공격했습니다.

"환관 김사행은 아첨과 사치로서 공민왕의 총애를 받아 백성들을 함부로 대했습니다. 이 때문에 백성들이 그를 독초와 같이 여기고 있사오니 곁에 두지 마시고 쫓아내는 것이 마땅하옵니다."

이러한 탄핵은 여러 번 계속되었지만, 공양왕은 결코 김사행을 내쫓

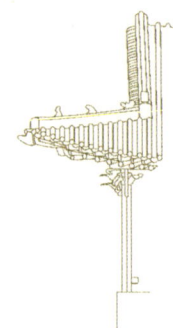

지 않았습니다. 이미 조정은 이성계 일파가 잡고 있었고, 대신들은 왕을 한낱 허수아비로 알고 있었지요. 그런 공양왕에게는 김사행 같은 환관마저 없다면 믿고 심부름시킬 사람조차 없게 되기 때문입니다.

그러나 환관이란 신하의 의리보다는 목숨을 먼저 생각하는, 물결에 따라 움직이는 부초 같은 존재였습니다. 이성계가 공양왕을 내쫓고 왕위에 오르자, 김사행은 미련 없이 고려 왕조를 버렸습니다. 이미 원나라가 기울어질 때 원을 버리고 고려로 돌아온 그였기에, 왕조가 바뀐 것은 그에게 아무 문제도 아니었답니다.

새 주인으로 섬기게 된 이성계와 그의 인연은 공양왕 대에 이미 맺어졌습니다. 이성계가 역성 혁명을 실행하기 3개월 전인 1392년 4월에 그는 공양왕의 심부름으로 이성계 집을 찾았습니다. 이때 그의 손에는 공양왕이 이성계에게 내린 백은 1정과 비단 1필이 들려 있었지요. 권력에 대한 남다른 감각을 가졌던 그는 이때 아마도 이성계가 장차 나라의 주인이 될 것이라고 예감했던 모양입니다. 왕조 교체기에 숱한 신하들의 목숨이 달아나고, 공양왕을 섬겼던 여러 환관들이 노비로 되던 상황에서 그가 내시부사의 자리를 지켰을 뿐만 아니라, 이성계의 절대적인 신임까지 얻었던 것을 보면 그런 사실이 확인됩니다. 김사행은 궁궐 생활에 대해 아는 게 하나도 없던 이성계에게 궁궐의 법도를 가르쳤고, 무너져 가던 궁궐 제도를 정비하는 데 큰 역할을 했습니다.

이성계는 즉위 1년 후인 1393년 7월 27일에 창업에 공이 있는 신하들을 열거하며 김사행에 대해 이렇게 칭찬했습니다.

"내가 왕위에 오른 초기에 궁궐 안의 제도가 마련되지 못했는데, 김사행이 고려 왕조가 왕성했을 때의 궁중 의식을 일일이 찾아내 지나친 것은 줄이고, 모자란 것은 보태서 도왔으니 그 공을 기록할 만하다."

이때 김사행이 한 일 중에 매우 중요한 일이 있었습니다. 원래 고려 왕조에서는 내시부의 관료가 모두 환관으로 되어 있지 않았습니다. 오히려 내시부에는 환관보다 일반 관료가 많았지요. 그러다가 원나라에게 지배받던 시대에 환관의 힘이 커지면서 환관이 되고자 하는 사람들이 늘어났고, 내시부 관료의 대부분을 환관이 차지하게

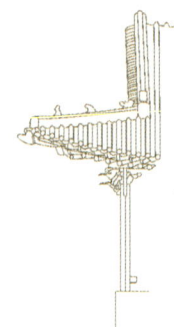

된 것입니다. 이렇게 볼 때, 내시는 모두 환관이라고 생각한 시기는 고려 말엽입니다. 그러나 공식적으로 환관이 내시부를 도맡게 된 것은 조선 때부터입니다. 김사행은 바로 이 제도를 마련했던 것이지요.

조선이 건국된 뒤에 신하들은 환관들을 모두 궁궐에서 내쫓자고 주장했습니다. 1392년 12월 1일에 사헌부에서 올린 상소를 보면, 환관의 병폐를 나열하면서 김사행을 비롯한 모든 환관을 내쫓아 환관 제도 자체를 없애자고 주장하고 있습니다.

그러나 이성계는 이렇게 말하며 단호하게 사헌부의 건의를 거부했습니다.

"궁중의 심부름을 하는 일꾼은 비워 둘 수 없다. 그리고 지금 환관이 모두 자신의 임무에 맞게 배치되어 일하고 있으니, 다시는 이 일을 논하지 말라!"

이성계가 이렇게 단호한 의지를 보일 수 있었던 것은 궁중 생활에서 환관이 차지하는 비중이 적지 않았던 탓입니다. 사실, 환관 없이는 불편하기 짝이 없었으니까요. 왕으로서는 자신의 손발처럼 부릴 사람이 꼭 필요했는데, 환관이 아니고서는 궁궐에서 그런 존재를 찾을 수 없었답니다. 환관은 그야말로 죽으라면 죽는 시늉까지 하는 입안의 혀 같은 존재였습니다. 하지만 신하들은 늘 어딘가 껄끄럽고 매사에 간섭이 심해 귀찮은 점이 있는 존재였지요. 더욱이 환관이 아니고서는 궁궐의 자질구레한 일을 믿고 맡길 사람이 없었습니다.

고려 왕조가 무너지면서 고려의 정궁인 수창궁은 여러 곳이 파손되고 낡아 있었습니다. 이 때문에 이성계는 수창궁을 전면적으로 손보

아 고치고 다시 쌓으려고 했는데, 이 일을 도맡아 시행할 사람은 환관들밖에 없었습니다. 고려 대부터 궁궐 공사는 모두 환관들이 맡아 감독하고 관리해 왔기 때문입니다. 특히 김사행은 공민왕 대부터 여러 차례에 걸쳐 궁궐 건축 업무를 맡은 적이 있어서 이 일에 딱 맞는 사람이었습니다.

김사행은 수창궁 개축 작업에만 투입된 것이 아니었습니다. 한양에 새로운 도읍을 건설하는 일에도 참여했지요. 경복궁과 종묘를 지을 때, 그는 직접 먹줄을 들고 땅을 측량하기까지 했답니다.

이성계는 그런 김사행의 공을 높이 평가하여 판경흥부사 동판도평

의사사사 겸 판사복사농선공감사 가락백에 제수(임금이 직접 벼슬을 내림)했습니다. 또 1397년에 문묘를 조성할 때, 김사행을 문묘조성제조로 삼기도 했으며, 그해 12월에는 김사행에게 수충보리공신의 칭호를

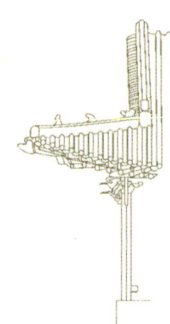

내렸습니다.

그쯤 되자, 김사행은 거만해졌지요. 궁궐을 출입하면서 가마를 타고 다녔고, 많은 재산을 모아 호화스런 생활을 즐겼습니다. 이 때문에 신하들의 불만이 높았지만 감히 그를 탄핵하지는 못했지요. 그는 또 세자 방석의 장인 심효생과 긴밀히 짜고 정치 세력을 만들기도 했습니다.

심지어 태조에게 이런 건의를 하기도 했지요.

"중국의 황제들은 아들들을 지방의 영주로 봉하여 신하로 삼습니다. 전하께서도 왕자들을 지방으로 보내어 그곳 수령으로 삼고 나라를 안정시키소서."

이것은 이방원 등의 신의왕후 한씨 소생 왕자들을 지방으로 내쫓아 세자 방석의 안전을 꾀하려는 것이었습니다. 하지만 태조는 이 제의에 대해 아무 대답도 하지 않았지요. 태조도 은근히 그런 생각을 품었다는 뜻이었습니다.

이렇듯 왕에게 나라의 큰일에 대해 견해를 말하고, 민감한 사항인 왕자들 문제까지 서슴없이 내뱉을 정도였으니, 당시 김사행의 정치적 힘이 웬만한 정승에 뒤지지 않았음을 알 수 있겠지요?

그러나 그것으로 김사행의 좋은 시절은 끝이었습니다. 1398년 8월 25일 밤, 이방원이 군대를 동원하여 정도전, 남은, 심효생 등 태조를 떠받치고 있던 세력을 죽이고 조정을 손에 넣은 것입니다. 이때 김사행은 이방원의 부하들에게 붙잡혀서 포박되었습니다. 방석의 장인 심효생과 몰래 통하고, 세자 방석을 편드는 인물로 지목되었기 때문입니다.

이방원은 그가 부왕 태조가 총애하는 내시라는 사실을 생각해 그를 일단 풀어 주었습니다. 그렇다고 영원히 살려 준 것은 아니었지요. 며칠 뒤인 9월 3일, 이방원은 김사행을 다시 잡아들여 죽였습니다.

김사행과 더불어 태조의 총애를 믿고 권력을 부리던 환관 조순도 참형(죄인의 목을 쳐서 죽이던 형벌)에 처해졌지요. 조순은 김사행의 신임을 얻어 태조 곁에 머물던 환관인데, 뇌물과 청탁을 자주 받아 여러 차례 조정의 탄핵을 받은 자였습니다. 그러나 태조는 조순이 일처리에 뛰어나고 궁궐 업무에 능하다며 번번이 죄를 용서하고 곁에 두곤 했지요.

실록에는 태조 대의 대표적인 환관으로 김사행과 조순을 꼽고 있습니다. 이들은 비록 권좌에 올라 재물을 탐내고 임금의 마음을 어지럽혔다는 죄목으로 죽임을 당했지만, 태종이 이들을 죽인 이유는 태조의 힘을 약하게 만들기 위해서였습니다.

이들이 비록 환관이었지만 권세는 판서보다 높았고 재산은 도성의 갑부에 못지않았으며, 친한 신하들의 숫자도 웬만한 재상에게도 뒤지지 않았기 때문입니다.

단종을 끝까지 지켰던 엄자치

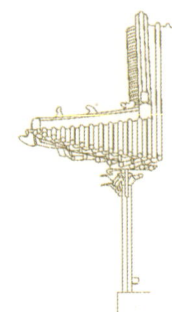

엄자치(嚴自治)는 세종 대에 왕이 믿는 내시가 되었으며, 단종에 의해 종2품 벼슬을 받고 영성군에 봉해졌습니다. 영성이 전라도 장성군에 있었던 현이므로, 엄자치의 고향이 장성이라는 것을 알 수 있습니다.

조선 초에는 환관을 공식적으로 모집하지 않았기 때문에, 궁궐에서 일하는 환관의 숫자가 얼마 되지 않았답니다. 건국 초에 환관으로 있던 자들은 대부분 고려 말엽에 환관이 된 자들이었고, 세종이 즉위할 무렵에는 늙은 환관들은 거의 죽거나 병들어 있었습니다. 그래서 엄자치, 전균, 송중 등 젊은 환관들만 남아 있었지요. 이들은 조선 초에 어린 나이로 궁궐에 들어와 비공식적으로 환관이 된 자들인데, 세종은 젊은 이들을 심부름꾼으로 삼았습니다.

> 단종을 지키다 수양대군에게 죽고 말지.

엄자치는 당시 환관들 중에서 그 나마 나이가 많은 인물이었기에 세종은 그에게 여러 가지 임무를 맡기곤 했답니다. 그는 특히 지방관에게 왕명을 전달하는 임무를 자주 맡았지요.

　실록에 엄자치의 이름이 처음 등장하는 세종 13년(1431년) 3월 22일의 기록을 보면, 그는 세종의 왕명을 가지고 춘천 부사를 찾아갔다고 나옵니다. 이때 엄자치가 맡은 임무는 한강을 타고 해청(우리나라 매)을 운반해 오는 일이었지요.

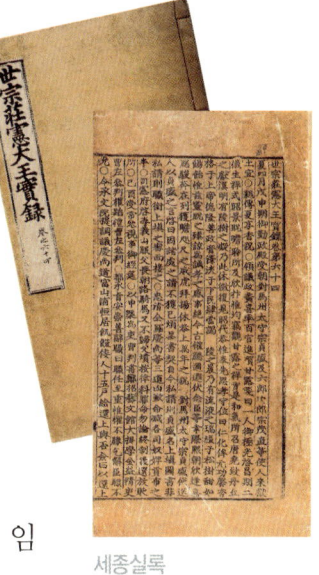

세종실록
단종 2년에 정인지 등이 엮은 세종 재위 32년간의 실록이다.

　세종 16년 12월에는 평안도 도안무찰리사로 있던 최윤덕을 찾아갔는데, 세종이 최윤덕을 위로하는 글과 하사한 옷을 전하고, 최윤덕에게 잔치를 베풀어 주기 위해서였습니다. 그리고 19년 3월에는 함길도 도절제사가 허위 보고를 하자, 세종은 엄자치를 보내 허위 보고에 대해 질책하고 속사정을 조사하도록 했습니다.

　엄자치는 육진을 개척하고 있던 김종서에게도 여러 차례 다녀왔습니다. 이때 세종은 엄자치를 통해 육진 개척 상황을 세세하게 보고받고, 세부적인 일까지 일일이 편지로 쓰거나 말로 전달했습니다.

　세종이 죽고 문종이 즉위한 뒤에도 엄자치는 왕을 모셨습니다. 문종 대에 엄자치에 대한 기록은 두 건 정도 발견되는데, 첫 번째는 1451년 11월 28일에 왕명을 받고 군기(전투에 쓰이는 기구들) 제조를

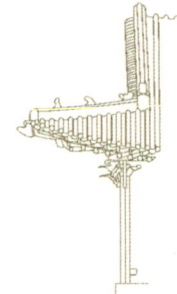

허술하게 한 군기감을 감사하고 그곳 관리들을 심문(따져 묻는 것)했다는 것입니다. 두 번째 기록은 1452년 4월 19일의 기사(사실을 적은 글)에 나와 있는데, 우스꽝스럽긴 하지만 엄자치의 불행한 미래를 예고하는 장면입니다.

실록에는 어떻게 기록되어 있는지 한번 살펴볼까요?

> 동궁의 막차(장막으로 만든 임시 처소)가 섬돌 아래에 있었는데, 환자 엄자치가 섬돌 위에서 옷을 벗고 사람을 시켜 이를 잡게 했다. 전균도 섬돌 위에 앉아 그 모습을 내려다보고 있었다. 그 완악하고 거만한 모습을 보고 사람들이 모두 미워하였다.

이 내용을 좀 더 정확하게 파악하기 위해서는 이것이 어떤 상황에서 벌어진 일이었는지부터 알아야 하겠지요? 이날은 한양에 지진이 일어나 문종을 몹시 불안하게 한 날이었습니다. 그런데 하필 중국 사신이 돌아가는 날이기도 했지요.

지진 때문에 불안한 마음이 없지 않았지만, 문종은 모화관으로 가서 사신을 전송하는 연회를 베풀고자 했습니다. 그런데 갑자기 폭우가 쏟아지는 것이었지요. 폭우 때문에 사신들을 위한 잔치가 연기될 것이라고 생각하고 호위를 맡은 충호위에서 모화관 추녀 끝에 차양(볕이나 비를 막기 위해 처마끝에 덧댄 지붕)을 설치하지 않았습니다. 그런 상황에서 모화관에 도착한 문종은 충호위 진무 정흥손을 불러 빨리 차양을 설치하라며 귀찮게 굴었습니다. 하지만 이미 차양은 비에 젖어 쓸 수가 없었지요. 화가 난 문종은 정흥손을 의금부에 가두라고 지시했습니다.

그렇게 해서 모화관의 연회는 시작되었고, 연회가 끝날 무렵에 비가 그치고 햇볕이 났습니다. 중국 사신이 떠난 뒤에 문종은 대신들과 앉아 이틀 뒤에 있을 사냥에 대해 논의하고 있었는데 엄자치를 비롯한 전균 등의 환관들이 모화관 섬돌 아래서 왕을 기다리고 있었지요. 그러던 중에 엄자치가 몸이 몹시 가려웠던지 옷을 벗어 부하들에게 이를 잡게 했던 것입니다. 엄자치가 앉은 섬돌 아래쪽에 세자의 임시 처소인 동궁 막차가 설치되어 있었는데, 마치 엄자치가 세자 처소 위에서 옷을 벗고 이를 잡고 있는 것처럼 보였답니다.

하지만 이 일로 엄자치가 벌을 받지는 않았습니다. 또 엄자치의 이

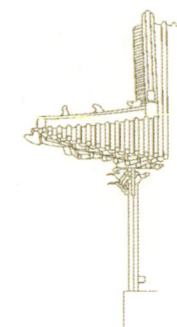

행동을 비판하는 신하도 없었지요. 신하들이 이 일을 드러내 놓고 문제 삼지 않은 것을 보면 대수롭지 않은 일이라는 뜻입니다. 비록 동궁 막차가 아래쪽에 있었지만 그 안에 세자가 있는 것도 아니었고, 이미 연회가 끝난 상태였기에 막차는 금세 거둬질 상황이었지요. 그런데 어째서 실록에는 이 대수롭지 않은 일이 기록되어 있을까요?

이것은 훗날 세조가 엄자치를 대궐에서 내쫓았던 일의 명분을 제공하기 위해 만든 장치였습니다. 그런 의미에서 볼 때 이 기사는 엄자치의 불행한 미래를 암시하는 셈이지요.

문종이 죽고 단종이 즉위했을 때, 엄자치는 대전 내관으로서 단종을 보호하는 입장이 되었습니다. 세종과 문종을 모신 그로서는 12세의 어린 단종을 보호하는 것이 선왕들의 은혜에 보답하는 유일한 길이었습니다. 그런 까닭에 왕위를 노리고 있던 수양대군에겐 엄자치가 편하지 않은 존재였습니다. 비록 환관이었지만 엄자치는 2품 벼슬에 군(君) 칭호까지 얻었고, 공신으로 대접받고 있었습니다. 거기다 궁궐에서 일어나는 모든 일을 손금 보듯 잘 알고 있었고, 수십 명에 이르는 환관들을 지휘하고 있었기에 단종의 두터운 믿음을 얻고 있었지요.

단종
조선 6대 왕. 숙부인 수양대군에게 왕위를 빼앗겨 강원도 영월에 유배되었다가 죽임을 당했다.

그러므로 수양대군에게 엄자치는 반드시 없애야 할 상대였습니다.

엄자치는 단종을 지켜 달라는 문종의 유언을 받고 조정을 이끌고 있던 김종서, 황보인 등의 고명대신(임금의 유언으로 나라의 뒷일을 부탁받은 대신)들과도 친밀한 관계에 있었습니다. 엄자치는 왕을 모시는 내시로서 그들의 힘을 빌려서라도 단종이 성인으로 성장할 때까지 왕을 지켜야 했습니다. 고명대신들 또한 그와 목적이 같았기 때문에 엄자치와 수양대군은 서로 보이지 않는 싸움을 할 수밖에 없었지요.

그런 그들이 처음 만난 것은 단종 재위 1년(1453년) 1월 16일이었습니다. 이날 수양대군은 명나라에 사은사로 갔다가 돌아오는 길이었고, 엄자치는 단종의 명을 받고 의주에서 그를 맞이했습니다. 수양대군을 맞이하는 엄자치의 손에는 단종이 수양대군의 노고(힘들여 수고하고 애쓰는 것)를 위로하기 위해 내린 술 10병과 옷 한 벌이 들려 있었습니다.

그로부터 9개월 뒤, 수양대군은 마침내 계유정난을 일으켜 김종서, 황보인, 조극관, 민신 등 단종을 지키고 있던 신하들을 모두 죽여 버렸습니다. 그리고 영의정에 올라 조정을 손에 넣었지요. 하지만 단종의 옆에는 여전히 눈엣가시 같은 엄자치가 버티고 있었습니다. 단종을 내쫓고 왕위를 차지하기 위해서는 환관의 우두머리인 엄자치를 반드시 내쳐야만 한다고 수양대군은 생각했습니다.

엄자치에 대한 수양대군의 공격은 거사일로부터 한 달쯤 지난 그해 11월 18일에 시작되었습니다. 이날 엄자치를 공격한 인물은 뜻밖에도 좌사간으로 있던 성삼문이었습니다. 집현전 학사 출신의 대표적

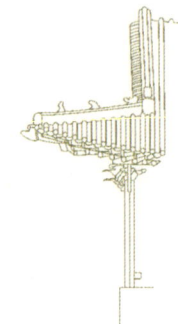

인물이라 할 수 있는 그도 당시에는 수양대군의 계유정난을 지지하고 있었습니다. 비록 드러내 놓고 수양대군의 거사를 정당한 것으로 만들지는 않았지만, 성삼문을 비롯한 집현전 학사 출신의 신하들도 김종서와 황보인 등이 조정을 장악한 것을 탐탁찮게 생각했던 까닭입니다.

성삼문은 긴 상소를 올려 환관의 폐해를 나열하고 엄자치에게 군의 칭호를 내린 것은 옳지 않다고 주장하며 군의 칭호를 거둬 달라고 청했습니다.

하지만 단종은 조정에 의논을 붙이라고 명령했을 뿐 다른 조치를 취하지는 않았어요. 그러자 대사헌 권준이 다시 엄자치를 군으로 삼은 것은 옳지 않으니 명령을 거둬야 한다고 했지요. 그러나 단종은 이번에도 받아들이지 않았습니다.

당시 단종으로서는 믿을 수 있는 사람이 엄자치와 같은 가까운 내시밖에 없었던 것입니다. 조정은 이미 수양대군이 손에 넣었고, 신하들도 대부분 수양대군 사람들이었지요. 그런 상황에서 엄자치라도 없으면 단종은 기댈 곳이 없게 되는 처지였답니다.

단종이 그렇게 버티자, 조정 대신들도 어쩔 수 없었습니다. 그런 가운데 수양대군의 영향력은 점차 커졌고 왕권을 손에 넣는 지경에 이르렀지요. 이제는 단종이 의지할 사람이라고는 가장 가까이에서 보필(임금의 정사를 돕는 것)하던 엄자치와 세종의 후궁이자 단종의 유일한 보호자인 혜빈 양씨, 그리고 단종의 왕위를 지키려던 종친 세력인 화의군 이영, 금성대군 이유 등이 전부였습니다.

그러나 1455년 2월 27일 수양대군은 이들 세력을 한번에 없애 버립니다. 세종의 서장자인 화의군 이영과 세종의 6남인 금성대군 등이 몰래 모임을 갖고 모략을 꾸몄다는 것입니다. 물론 그 모략의 내용이 무엇인지는 밝혀지지 않았습니다. 수양대군이 그들을 없애려 한 것은 오직 하나, 바로 자신의 왕위 계승을 반대하고 있었기 때문입니다. 어쨌든 수양은 그들이 몰래 모임을 가졌다는 이유만으로 그들을 유배 보내 버렸습니다. 이때 화의군 이영에게는 평원대군의 첩 초요갱과 연애를 했다는 죄목을 더했습니다. 하지만 증거는 찾지 못했지요. 이들과 함께 엄자치도 의금부에 갇혔습니다. 죄목은 국정에 간여해 조정을 업신여기고 깔봤다는 것이었지요.

수양대군은 일단 화의군은 유배하고, 엄자치는 고향으로 돌려보내게 했습니다. 엄자치와 함께 수십 명의 환관들도 모두 귀향하게 되었습니다.

그러나 며칠 뒤, 대사헌 최항은 엄자치와 금성대군을 죄인으로 다

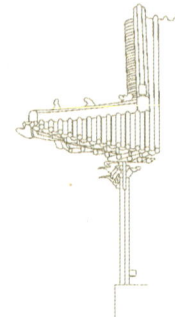

스려야 한다고 강력하게 주장하는 상소를 올렸습니다. 영의정으로 있던 수양대군은 그 상소를 받아 금성대군은 유배시키고 엄자치에게 벌을 내리라고 단종에게 청했습니다. 하지만 단종은 받아들이지 않았지요. 그러자 수양대군은 단종에게 겁을 주며 "잘 알아서 하라."고 했습니다. 결국 겁먹은 단종은 수양대군의 청을 받아들였지요.

수양대군은 금성대군을 삭녕에 유배시키고 엄자치를 하삼도의 관노로 보냈습니다. 또한 엄자치 밑에 있던 환관들도 대부분 관노가 되었습니다. 하지만 3월 26일에 수양대군 편에 선 종친과 대간들은 엄자치를 사형으로 다스려야 한다고 상소를 올렸습니다. 하지만 조정에서는 엄자치가 공신이기 때문에 사형에 처할 순 없다는 것이 여러 사람들의 생각이었지요. 결국, 엄자치는 죽음은 피하고 바로 다음 날 제주도로 유배되기에 이르렀습니다. 그는 이미 심한 고문을 당한 터라 거의 다 죽게 된 상태였지요. 늙을 대로 늙은 몸에 고문까지 받은 상태로 제주도로 압송되었고, 엄자치는 고통을 참지 못하고 얼마 못 가 길에서 숨을 거두었습니다.

세조대왕어진영
세조가 호랑이 가죽을 씌운 의자에 앉아 곤룡포를 입고 양손에 홀을 쥐고 있는 모습이다.

그렇게 엄자치가 죽은 것도 모르고 이틀 뒤인 3월 29일에

　대사헌 최항은 엄자치를 죽여야 한다는 긴 상소를 또 올렸습니다.

　엄자치가 죽은 지 4개월 뒤인 그해 윤6월에 세조는 단종을 상왕으로 밀어내고 왕위를 차지했지요. 왕위에 오른 세조는 그동안 단종을 지켜 주던 혜빈 양씨를 유배 보낸 뒤 교수형에 처하고, 단종을 지키던 내시이자 마지막 보루였던 엄자치의 집을 김종서를 때려죽인 홍달손에게 하사했답니다.

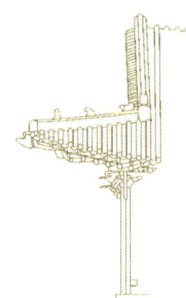

연산군의 학정을 꾸짖다 살해된 김처선

나는 소신을 지켰던 환관이야.

김처선(金處善)은 충청도 연기군 전의현 출신으로, 단종에서 연산군 대에 이르기까지 50여 년 동안 환관으로 일했던 인물입니다.

실록에 김처선이 처음 등장하는 것은 계유정난(조선 단종 원년에 수양대군이 고명대신을 없애고 정권을 잡은 일) 직후인 1453년(단종 1년) 10월 13일의 기록입니다. 정난을 일으킨 수양대군 세력은 대부분의 환관들을 고향으로 돌려보내거나 유배시켰는데, 이때 김처선도 동료들과 함께 유배되었습니다. 당시 김처선의 유배지는 경상도 영덕의 영해였지요. 하지만 유배는 오래 가지 않았지요. 거사일인 10월 10일에 유배되어 10월 13일에 풀려났으니까요. 말하자면 유배가 결정되어 유배지로 가는 도중에 석방된 셈이지요.

이때 수양대군이 환관들을 한꺼번에 유배시킨 것은 단종을 지지하는 세력을 없애기 위해서였습니다. 하지만 환관들이 없어지자 단종과 왕실은 물론이고 조정 신하들까지도 매우 불만스러워 했기 때문에, 수양대군은 즉시 환관들을 궁으로 다시 불러들인 것입니다.

이후 정난 세력은 조정을 휘어잡았고, 수양대군은 왕위를 노리게 되었습니다. 이미 조정을 손에 넣은 그들은 단종의 마지막 보루였던 내시들과 일부 종친들을 제거할 기회를 노렸지요. 그리고 1455년 2월 27일에 금성대군과 화의군 등의 임명장을 빼앗고, 엄자치로 대표되는 환관 집단을 모두 흩어지게 했어요. 이에 따라 김처선도 고향으로 돌아가야 했답니다.

그해 3월 19일, 환관의 우두머리 엄자치는 임명장을 빼앗기고 공신 명부에서도 삭제되었으며, 재산도 모두 몰수되어 노비가 되었습니다. 김처선 또한 노비가 되어 고향인 연기의 전의에서 관노 생활을 해야 했지요. 이때 김처선의 나이는 기껏해야 20세 남짓했습니다.

그로부터 3개월 뒤 세조는 단종을 밀어내고 왕위에 올랐습니다. 세조 정권을 세운 계유정난 세력은 환관 제도를 아예 없애자고 주장했는데, 이 때문에 지방의 관노가 된 환관들은 쉽게 도성으로 돌아가지 못했답니다.

김처선은 2년 6개월 동안 관노로 지내다가, 1457년(세조 3년) 8월 18일에 비로소 왕명을 받고 궁으로 돌아갔습니다. 즉위 초에 세조는 신하들의 말에 따라 환관 제도를 철폐하려는 마음을 품기도 했지만, 환관 없이는 궁궐 생활을 할 수 없었기 때문에 행동으로 옮기지는 못했지요. 또한 즉위 초기에 많은 환관들을 관노로 만들었기 때문에 궁

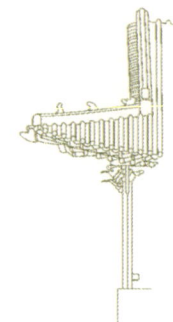

　궐에는 환관이 많이 모자랐습니다. 그러니까 김처선의 석방은 부족한 환관을 채우기 위한 조치였던 것입니다.

　하지만 세조 시대의 김처선은 그다지 평탄한 삶을 살지 못했습니다. 한번은 1460년 10월 19일에 세조가 탄 가마가 경상도 순안현(지금의 영주 순흥)에 이르렀는데, 갑자기 눈과 비가 함께 쏟아졌습니다. 어가는 급히 현령이 머무는 현청으로 피했지만, 너무 급하게 현청으로 들이닥친 터라 그곳 현령 권정은 어가를 맞을 준비를 제대로 하지 못했습니다. 현령은 임금이 머물 곳을 제대로 수리하지 못한 상태였고, 현청 안으로 잡인들이 들락거리기까지 했지요. 이 일로 경호를 맡은 자들이 모두 의금부에 압송되었고, 순안 현령 권정도 의금부에서 국문을 당해야 했습니다. 또한 임금을 시종하던 환관들도 제대로 업무를 수행하지 못한 죄로 벌을 받았는데, 김처선은 이때 장 80대를 맞아야 했답니다.

　그로부터 4년 뒤인 1464년 6월 27일, 세조는 화위당으로 나들이했는데, 이때도 왕이 연락도 없이 움직이는 바람에 환관들이 제대로 준비를 하지 못했습니다. 이 때문에 김처선을 비롯한 환관 3명이 곤장을 맞기도 했습니다.

130　조선 시대 환관들은 어떻게 살았을까?

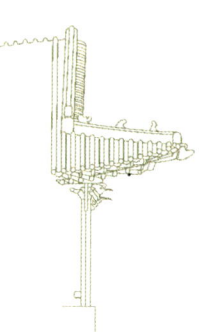

　세조 시절에 김처선의 불운은 여기서 그치지 않았지요. 이듬해인 1465년 9월 3일에는 의금부에 갇혀 국문을 당하기도 했거든요.

　세조는 이때 지방으로 행차했는데, 김처선에게 한양에 다녀오라는 심부름을 보냈습니다. 김처선은 궁녀 몇 명을 데리고 도성으로 올라갔는데, 도성에 이르러 주막에서 아는 사람을 만나 술 한잔 걸쳤습니다. 그리고 길을 가다가 도성을 지키는 군대를 만나 최해라는 인물과 또 한잔 걸쳤지요. 이 때문에 술에 취해 막사에서 뻗어 버린 것입니다. 마침 그 주변에 김처선의 외가 친척인 박반자가 살고 있었는데, 그 소식을 듣고 급히 달려왔습니다.

　세조가 문제 삼은 것은 바로 이 대목입니다.

　"나인은 비록 친척이라도 서로 얼굴을 보지 못하는 법인데, 김처선의 형 박반자가 김처선이 누운 곳을 방문하였으니, 이 무슨 해괴한 짓인가?"

　김처선이 누워 있던 곳에는 궁녀들이 있었는데, 박반자가 궁녀들이 머무는 곳까지 들어왔다는 뜻입니다. 이것은 임금의 여자인 궁녀가 외간남자와 자리를 함께한 꼴인데, 용서할 수 없는 일이라며 세조는 무섭게 화를 냈던 것이지요.

　이 일로 김처선은 또 한 차례 곤욕을 치러야 했습니다. 다행히 그 일을 끝으로 김처선은 더 이상 곤경에 처하지 않았답니다. 몇 년 되지 않아 말 많고 탈 많고 까탈이 심한 세조도 죽고, 예종을 거쳐 어린 성종이 왕위에 올랐으니까요.

　성종 대의 김처선은 환관으로서는 최고의 영예를 누리며 지냈습니

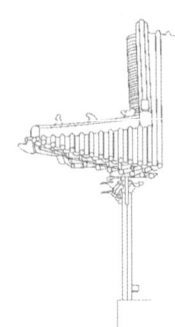

다. 성종을 모시는 내시가 되어 두터운 사랑을 받았고, 정2품 자헌대부에 오르기까지 했으니까요. 원래 환관은 종2품까지만 벼슬을 얻을 수 있는 게 원칙이었지만, 성종은 엄자치를 깊이 신뢰해 특별히 자헌대부에 제수했던 것입니다.

이 일을 두고 사관은 사론을 통해 "성종은 환관을 억제하기는 하였으나 관직과 작위를 내리는 것이 지나쳤다."고 비판했습니다. 또 성종 19년에 정언 김봉도 환관에게 지나친 벼슬을 내렸다며 거둘 것을 청했습니다. 하지만 성종은 그들의 주장을 무시하고 김처선의 자헌대부 벼슬을 유지시켰답니다.

성종이 죽자, 김처선은 능을 지키는 시릉 내시가 되어 3년 동안 성종의 왕릉(선릉)을 보살폈고, 연산군은 그 공을 칭찬하며 안장을 갖춘 말을 하사하기도 했습니다. 그러나 연산군의 즉위는 김처선의 어두운 미래를 예고하는 것이었지요.

김처선은 성격이 깐깐하고 부정한 일은 그냥 지나치지 못하는 성미였습니다. 그런 까닭에 연산군이 음란한 기질을 드러내 흥청거리자, 김처선은 색을 멀리하고 정사를 돌보라고 간언(임금에게 잘못된 일을 고치도록 말하는 것)하곤 했습니다. 연산군은 그런 김처선을 매우 못마땅하게 여겨 옆에 오지 못하게 했답니다.

그런 가운데 연산군의 학정과 잔혹한 행동은 극에 달하고 있었습니다. 1498년엔 무오사화를 일으켜 피바람을 일으키더니, 1504년에 갑자사화를 일으켜 살육을 일삼았습니다. 이에 김처선이 죽기를 각오하고 연산군에게 더 이상 살육을 하지 말라며 말을 했지요.

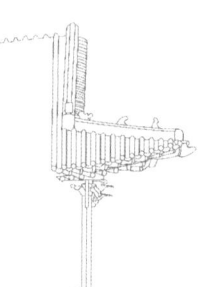

　그것은 연산 10년 7월 16일의 일이었습니다. 김처선은 이미 궁으로 들어오기 전에 집안사람에게 자신이 다시 집으로 돌아오지 못할 것이라고 유언을 남기고 온 터였습니다.

　김처선의 말을 듣고 화를 참지 못한 연산군은 당장 그를 옥에 가두었습니다. 그리고 장 100대를 때리고 궁궐 밖으로 쫓아냈지요.

　거의 다 죽게 된 채로 궁궐 밖으로 내던져진 김처선은 수개월 동안 제대로 움직이지도 못했습니다. 김처선이 누워 있는 동안에도 연산군의 피의 잔치는 계속 이어졌지요.

　김처선이 몸을 추스르고 일어난 것은 이듬해 4월 1일이었습니다. 이날 김처선은 궁궐로 향하면서 집안사람들에게 다시 돌아오지 못할 것이라는 말을 남겼습니다. 그리고 두려운 마음을 이기기 위해 술도 한잔 걸치고 연산군을 찾아가 독설을 쏟아 냈지요.

　"늙은 놈이 네 임금을 섬겼고 경서와 사서도 대강 통했는데, 고금을 통틀어 상감과 같은 짓을 하는 사람이 없었습니다."

　이미 죽기로 각오한 그였습니다. 연산군은 그 말을 듣고 화살을 꺼내들었습니다. 화살은 김처선의 갈빗대를 파고들었지요.

　그러나 김처선은 말을 멈추지 않았습니다.

　"조정의 대신들도 죽음을 두려워하지 않는데, 늙은 내시가 어찌 죽음을 아끼겠습니까? 죽이십시오. 다만 상감께서 오래도록 임금 노릇을 하지 못하는 것이 한스러울 뿐입니다."

　김처선은 그때 이미 연산군이 쫓겨날 것을 예견하고 있었던 것입니다. 그 말에 연산군은 눈알에 핏발을 세우며 미친 듯이 활을 쏘아 댔

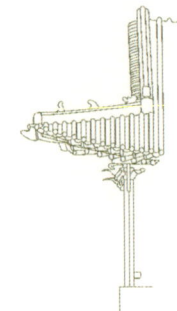

습니다. 화살을 맞고 김처선이 쓰러지자, 연산군은 칼을 뽑아 양쪽 다리와 팔을 모두 칼로 내리쳐 상처를 낸 뒤에 소리쳤습니다.

"일어나 걸으라! 어명이다, 걸으라!"
김처선이 고통스런 신음을 내며 대답했습니다.
"상감께서는 다리가 부러져도 걸어다닐 수 있소이까?"
이때 김처선은 죽을 때까지 말을 멈추지 않았다고 합니다.
이 이야기는 조신의 《소문쇄록》에 나오는 것인데, 사실보다 부풀려진 면은 있겠지만, 당시 연산군의 행동으로 봐서 사실일 것입니다.
연산군이 김처선에 대해 얼마나 분노하고 흥분했는지는 그가

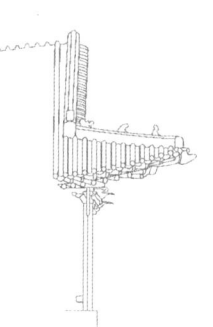

이후에 내린 명령에서도 잘 드러납니다. 연산군은 그날 김처선을 죽이고, 김처선의 양자이자 환관이었던 이공신도 대궐에서 죽였습니다. 그리고 즉시 이렇게 명령을 내렸지요.

"내관 김처선이 술에 몹시 취해 임금을 꾸짖었으니 재산을 빼앗고, 그 집을 헐어 연못을 파고, 그 본관인 전의현을 없애라."

연산군은 김처선의 흔적이 될 만한 것은 모두 없애려 했습니다. 심지어 전의 김씨의 본관까지 없애라고 했으니, 그의 분노가 어떠했는지 알 만하겠지요? 그런데 연산군의 분노는 거기서 그치지 않았습니다. 김처선의 7촌까지 모두 죄인으로 다스리고, 김처선 부모의 무덤을 뭉개고 석물을 없애 버렸습니다. 심지어 김처선에 관한 일로 분노를 담은 시까지 적어 승지에게 화답시를 바치라고 소리쳤습니다.

하지만 김처선의 일은 연산군에게 매우 고통스러웠던 모양입니다.

그는 궁중에서 자신이 직접 칼을 들고 사람을 죽인 일을 놓고 이렇게 말했습니다.

"이번 일은 내가 불법으로 여기기 때문에 자고 먹는 것이 편안치 않고 유감스럽다."

연산군은 그래도 화가 풀리지 않았는지 김처선과 이공신의 아내를 관비로 삼아 내사복시에 정역시키도록 했습니다. 또 대소 신료 및 군사 중에 김처선과 이름이 같은 자는 모두 이름을 고치도록 지시했고, 절기 중의 처서(處暑)를 조서로 고치게 했는데, '처서'의 '처' 자가 김처선의 '처' 자와 같았기 때문입니다. 또 모든 문서와 온 나라 사람의 이름에 처(處)자를 쓰지 못하도록 했답니다.

그해 12월에 사인 성몽정이 죄를 받게 됐는데, 우습게도 그 이유가 문서에 '처' 자를 썼기 때문이었습니다. 그런데 성몽정이 국문을 받던 중에 그가 올린 문서가 '처' 자를 쓰지 말라는 왕명이 공포되기 이전에 작성된 것이 밝혀져 무죄로 풀려나기도 했습니다.

또 그해에 과거가 있었는데, 권벌이 답안지에 '처' 자를 써넣었다가 낙방되는 일까지 벌어졌습니다. 권벌은 3년 뒤인 정묘년에 과거를 다시 쳐 합격했습니다.

김처선에 대한 연산군의 분노는 그래도 계속 이어졌지요. 1506년 3월 12일에는 김처선의 집을 철거하여 못을 파는데, 거기에 김처선의 죄를 새긴 돌을 묻도록 한 것입니다. 또 바로 다음 날에 김처선의 죄명을 돌에 새겨 그 집 길가에 묻고 담을 쌓으라고 지시했습니다.

하지만 얼마 뒤, 연산군은 김처선의 예언처럼 왕위에서 내쫓겼습니다. 중종이 들어선 뒤에 장령 김언평이 김처선에게 상을 내릴 것을 상소했지만 중종은 허락하지 않았지요. 또 중종 7년에도 김처선의 일을 《속삼강행실》에 넣도록 해야 한다는 상소가 있었으나 역시 허락하지 않았습니다.

이때 중종은 이렇게 말했습니다.

"김처선은 술에 취해 망령된 말을 해 스스로 실수를 저질렀으니 수록할 것이 없다."

중종이 이렇게 말한 것은 김처선의 일을 높이 평가했다가 이후에 환관들이 임금에게 함부로 행동하는 일이 생길까 봐 염려했기 때문일 것입니다. 하지만 영조 대에 이르러 김처선의 충절을 기린 정문(충신

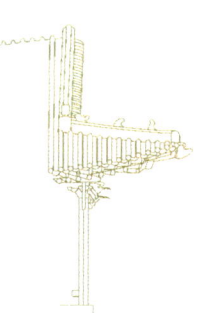

을 표창하기 위해 그 집 앞에 세우던 붉은 문)이 세워졌지요.

이때 영조는 정문을 내리면서 이렇게 말했습니다.

"왕이 충성한 사람에 대해 정문을 세워 주는 것은 세상을 권면(알아 듣도록 권하고 격려하여 힘쓰게 함)하는 큰 정상이니, 사람이 비록 미천하다 하더라도 충절에 대해 정문을 내리지 않을 수 없는 일이다. 김처선이 충성스러운 마음으로 윗사람의 잘못을 말했다가 운명하였다는 것은 내 일찍이 들어 알고 있다. 그러므로 내시부로 하여금 200년이 지난 지금에 와서 후사를 세우도록 하였으니, 뜻이 깊다 할 것이다. 마땅히 상을 내리고 모든 사람에게 알게 해야 할 것이니, 특별히 정문을 세워 주도록 하라."

김처선은 이렇게 해서 충절의 한 사람으로 남게 되었습니다. 김처선의 정문을 세운 것에 대해 있어 영조 대의 사관은 이렇게 말하고 있습니다.

'김처선은 연산 조의 사람이다. 여러 번 충간을 진달했으므로 연산군은 그를 미워하여 호랑이 굴에 던졌으나 호랑이가 잡아먹지 않자, 이에 결박하여 살해하니, 그 충렬이 늠름하고 호연하였다.'

막강한 권력을 휘두른 공신 박한종

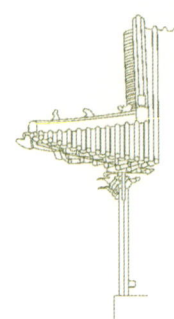

박한종(朴漢宗)은 명종 대에 권세를 누렸던 환관으로, 1품 벼슬을 받고 공신에 올라 재상도 부럽지 않은 권력을 누렸던 인물입니다.

박한종이 대전 환관인 승전색에 오른 것은 중종 29년입니다. 하지만 이때만 하더라도 그는 권세를 누리는 처지는 아니었지요. 그가 세력을 얻고 공신의 자리에도 오르게 된 것은 명종 즉위 무렵입니다. 승전색으로서 인종의 병환에 대해 상세히 알고 있던 그는, 인종의 병세를 문정왕후에게 때맞춰 보고했는데, 그 공으로 명종이 즉위하자마자 공신의 칭호를 얻었지요. 이때부터 그는 뇌물을 받고 재산을 쌓으며 세력을 키웠던 것입니다.

난 박한종

명종 재위 2년(1547년) 6월에 함경남도의 병마사로 있던 지세방이란 인물은 어떻게 해서든 권좌에 있는 자들과 친해져 재물을 쌓으려고

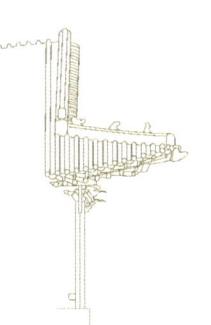

문정왕후의 묘
서울 노원구 공릉동에 있는 조선 중종의 두 번째 계비 문정왕후 윤씨의 무덤이다.

했는데, 박한종은 그와 조정의 세력들을 연결시켜 주면서 막대한 이득을 챙겼습니다. 그때 박한종이 휴가를 얻어 덕원에 갔었는데, 그 소식을 듣고 지세방이 찾아와 안부를 물으면서 옥으로 만든 접시를 바쳤고 박한종을 통해 오색 옥접시 20개를 좌의정 이기와 청원군 한경록에게 뇌물로 바쳤지요. 덕분에 지세방은 백성들을 마음대로 동원하여 옥을 캐내 엄청난 수익을 올렸습니다. 이 일로 백성들의 원망이 이만저만한 것이 아니었고, 급기야 사헌부에서 지세방을 탄핵했지요. 그러나 섭정을 하고 있던 문정왕후는 지세방의 직위를 해제하는 것으로 이 일을 적당히 마무리해 버렸답니다.

지세방은 직위 해제되었지만 박한종에게는 아무런 죄도 묻지 않았습니다. 오히려 박한종은 그해 9월에 정난위사공신에 오르고, 가의대부 벼슬을 받아 밀성군에 봉군되었습니다. 가의대부라면 환관이 오를 수 있는 가장 높은 벼슬로 종2품에 해당되었습니다. 거기다 섭정을 하고 있던 문정왕후의 총애에 힘입어 정식으로 공신의 자리에 오르고

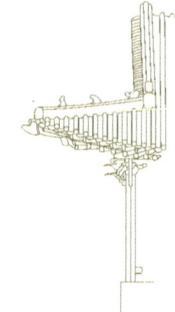

봉군까지 되었으니, 위세가 하늘을 찌를 법했지요.

그는 권력의 핵심으로 떠오른 윤원형과도 매우 친밀했습니다. 1549년에 문정왕후는 윤원형의 첩, 정난정의 자식들을 적자로 만들어 양반 집안과 혼인할 수 있도록 해 줬는데, 박한종은 영의정 이기, 우의정 심연원 등과 함께 이 일을 추진해 성사시켰고, 그것은 윤원형과의 관계를 더욱 돈독하게 만들었습니다. 덕분에 그는 궁궐에서 쓰이는 쌀과 천, 잡물을 비롯하여 궁궐 노비를 관장하는 내수사의 제조에 임명되었지요. 내수사는 원래 정5품 관청으로 전수 1인과 별좌 1인이 우두머리가 되어 관리하고 감독하는 곳인데, 문정왕후는 박한종으로 하여금 그들을 부하로 부리도록 한 것입니다. 환관이 내수사의 관원을 지배한 예는 조선 건국 이래 거의 없던 일이었지요.

박한종이 내수사를 맡은 뒤부터, 내수사는 단순히 쌀이나 잡물을 취급하는 곳이 아니라 토목 공사를 맡고 있던 선공감이나 중국에 바

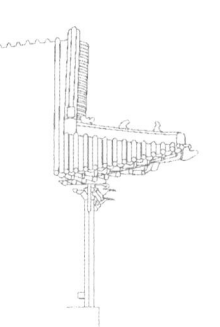

치는 공물을 담당하던 제용감, 생선이나 고기, 소금 등을 담당하던 사재감의 업무까지 모두 관리하는 거대한 관청으로 변해 버렸습니다.

거기다 궁궐 공사에 대한 장계(왕명을 받고 지방에 나가 있는 신하가 왕에게 보고하는 문서)를 왕에게 직접 올리는 등 승정원의 고유 업무까지 침범했지요.

박한종의 태도가 이렇듯 아주 거만해지자, 이조에서 박한종이 권한 밖의 일에 관여하고 있다며 비판을 했습니다. 개인적으로 쓰게 된 도장을 왕에게 올리는 장계에 찍어 마치 공문이나 되는 것처럼 만들어 올렸다는 것이었습니다. 또 그것이 비록 관인(정부에서 발행하는 문서에 찍는 도장)이라고 해도, 관인은 반드시 조정의 공론을 거치고 승정원을 통해 왕에게 승낙을 받은 문서에만 찍게 되어 있는데, 그런 절차를 완전히 무시하고 있다고 지적 받았습니다.

그러나 문정왕후는 이조의 지적이 옳지 않다며 오히려 이조를 꾸짖었지요. 내관이 내수사를 관리하고 공사를 주관한 것은 과거부터 있던 일이라는 것이었습니다.

사실, 태조 대에는 환관이 궁궐 공사를 관리하고 내수사의 우두머리가 된 적도 있었습니다. 그러나 태종 이후로 환관의 힘을 약하게 만들면서 그런 일은 거의 사라졌지요. 국초에 내수사가 맡고 있던 여러 업무를 선공감이나 사재감으로 이관시켰기 때문입니다. 이것은 모두 내관의 영향력을 약화시키기 위한 조치였는데, 문정왕후는 한 번에 선왕들의 그런 노력을 뒤집어 버렸답니다.

문정왕후의 비호 아래 박한종의 위세는 더욱 높아졌지요. 문정왕후

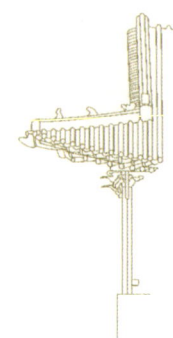

가 박한종에게 큰 힘을 실어 준 이유는 조정의 힘을 약하게 만들기 위해서였습니다. 섭정을 하고 있던 그녀는 언젠가 명종에게 왕권을 내줘야 할 것이고, 그렇게 되면 문정왕후의 영향력도 한층 약화될 것이 뻔했지요. 그런 상황을 대비해 그녀는 조정의 힘보다는 가까운 사람들의 힘을 강화할 필요가 있었습니다. 이 일을 위한 다리 역할을 할 인물이 필요했던 것인데, 환관 박한종이 바로 그 일에 딱 맞는 사람이었습니다. 박한종은 구중궁궐과 대궐 바깥을 마음대로 오가며 대신과 그녀를 이어 줄 사람이었기에, 왕권을 휘두르고 있던 문정왕후에게는 매우 소중한 존재였답니다.

　문정왕후의 그런 행동은 유교적인 정치 논리를 펴고 있던 조정 대신들에게는 매우 볼썽사나운 모습이었습니다. 삼종지도(여자가 따라야 할 3가지 도리)와 칠거지악(아내를 내쫓을 수 있는 이유가 되었던 7가지 허물)의 논리로 여성들을 엄하게 규제하고 있던 조선 양반들의 눈에는 그녀가 유교 질서를 무너뜨리는 존재로 보일 수밖에 없었지요. 이 점을 알아차린 문정왕후는 양반들과 타협하기보다는 오히려 서민들과 여성들이 믿고 받들던 불교를 키우면서 양반들과 대결하는 자세를 보였습니다. 그런 의도로 끌어들인 인물이 승려 보우였습니다.

　당시 유림들 입에서는 이런 말들이 흘러나왔습니다.

　"재상 진복창, 내시 박한종, 승려 보우 중에 한 사람만 있어도 나라를 해칠 수 있다."

　진복창은 사림을 처단하는 데 앞장선 인물로, 그 공으로 재상에 올랐기에 당시 사관들로부터 '독사'라는 별명을 얻었습니다. 그는 자신을 추천하여 관직에 나올 수 있게 해 준 구수담을 역적으로 몰아 죽이고, 윤원형이 미워하는 사람이 있으면 어떻게 해서든 모함해 없앴던 간악한 인간이었기에 그런 말을 들어도 억울할 것이 없었지요.

또 보우는 유교를 건국 이념으로 삼고 있던 조선에서 승려로서 버젓이 관직을 받고 공신의 대접을 받으며, 문정왕후의 보호 아래 마치 국사나 된 듯이 불교의 번성을 이끌었으니, 유림들에게는 원수 같은 존재일 수밖에 없었지요.

그런데 마지막 한 사람인 박한종은 한낱 환관 신분으로 그들과 어깨를 나란히 하며 나라를 망하게 할 3대 원흉으로 꼽힌 것은 매우 놀라운 일이었습니다. 그렇다면 왜 박한종은 진복창과 보우와 함께 나라를 망쳐먹는 3대 원흉으로 여겨졌을까요?

그것은 진복창을 비롯한 윤원형의 세력과 보우를 비롯한 불교 세력을 문정왕후에게 연결시켜 준 인물이 바로 박한종이었기 때문입니다. 얼핏 생각하기엔 윤원형은 문정왕후의 동생이니 마음대로 대왕대비전을 찾을 수 있지 않았겠느냐고 생각하겠지만 그렇지 않았어요. 비록 남매라고 해도 중전인 누나를 함부로 만날 수 없기 때문입니다. 그러니 승려라고는 하지만 보우가 문정왕후를 직접 만날 수 있는 가능성은 거의 없었습니다. 때문에 문정왕후와 보우, 문정왕후와 윤원형 또는 그의 측근들의 의사 소통은 박한종을 거치지 않으면 불가능했습니다. 이런 까닭에 박한종의 권세는 재상 진복창을 훨씬 넘어서면 넘어섰지 결코 뒤지지 않았지요.

다음은 명종실록 8년 3월 14일의 기록에 부쳐진 사관의 사론인데,

이 글을 보면 당시 박한종의 권세가 얼마나 대단했는지 짐작할 수 있답니다.

> 이때 박한종을 내수사 제조로 삼아 인(印)을 새겨 주어 2품의 반열에 끼게 하고, 그 권한을 중하게 하여 승정원을 통하지 않고 직접 임금에게 아뢰게 했다. 또 내수사의 노비와 승려들을 전담하게 하니, 내외로 출입하며 사욕을 챙겼으며, 지방으로 보내는 문서를 마음대로 사용했다. 중과 노비의 일로 파직된 수령과 감옥에 갇히거나 곤장을 맞은 향리가 많았으나 승정원에서는 알지도 못했으며, 대간에서는 알고도 감히 말을 하지 못했다. 이는 마치 별도로 또 하나의 조정을 형성한 듯했다.

박한종의 권세가 이쯤 되고 보니, 내수사에 속한 노비들의 권세도 대단했지요. 심지어 지방관이나 조정의 관원들은 내수사 종과 관련된 일이면 아예 간섭조차 하지 않았습니다. 그런 까닭에 당시 주먹패들이나 죄인들이 내수사 종들에게 뇌물을 먹이고 내수사에 속해 불법을 일삼는 경우도 많았습니다. 조정 대신들도 그 일을 잘 알고 있었지만, 박한종을 두려워하며 감히 왕에게 알리지 못했지요.

결국 1553년 8월에 대사헌 김주가 국정의 타개책(어렵거나 막힌 일을 해결할 방책)을 상소하며 박한종의 행동을 문제 삼아 제기하기에 이르렀습니다. 그는 《시경》의 "가르쳐도 소용없고 꾸짖어도 소용없는 것이 여자와 환관이다."는 구절을 인용하며 문정왕후와 박한종에게 비판의 화살을 날렸습니다. 핵심이 되는 내용을 살펴보면 이렇습니다.

> 오늘날 환관의 무리가 선량한 자는 적고 간교한 자가 많아 좌우에서 임금을 가까이 모시면서 임금의 뜻에만 좇고 있습니다. 한 내관은 내수사의 우두머리가 되어 제조로 있으면서 궁궐 안 창고의 일을 모두 관장하고 있습니다. 옛날에는 내수사에서 도장을 사용하거나 직접 공문을 발송하는 일이 없었는데, 지금은 늘 있는 일입니다. 또 왕명을 출납하는 것이 마치 승정원과 같이 하고, 문서를 보내고 받는 것을 육조처럼 대단한 기세로 멋대로 하고 있습니다. 내수사의 노비가 비위가 틀리는 일이 있어 호소하면 즉시 아뢰어 임금의 귀를 더럽히고, 임금을 크게 노하여 만들므로 견책을 받고 군읍에서 파직된 자도 있습니다. 또 내수사 노비를 나무랐다가 서울로 잡혀 와서 신문을 받은 자도 한둘이 아닙니다.

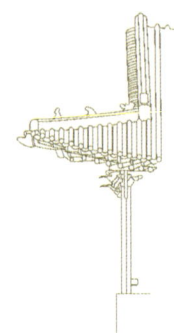

　명종은 이 상소를 완전히 무시해 버렸습니다. 문정왕후의 힘에 눌려 있던 명종은 상소의 참과 거짓조차 가리지 않고 못 들은 척했던 것입니다.

　그러나 그해 9월에 경복궁에 화재가 일어나면서 박한종은 궁지에 몰립니다. 당시 박한종은 궁궐의 모든 공사를 책임지고 있었는데, 새로 지은 전각에 온돌을 만들면서 박한종이 하인들에게 지나치게 불을 많이 때게 한 것이 화재의 원인이었거든요. 당시 하인들은 너무 불을 많이 때어 혹 불이라도 날까 봐 방 안을 들여다보려 했으나 박한종이 방을 자물쇠로 잠그고 그냥 가 버리는 바람에 확인을 하지 못해 불이 났다는 것이었습니다.

　이 일로 사간원과 사헌부에서 동시에 박한종에게 벌줄 것을 청했습니다. 명종은 이들의 간언을 계속 무시하다가 상소가 계속되자, 결국 박한종을 삭탈관직(죄인의 벼슬과 품계를 빼앗고 벼슬아치의 명부에서 그 이름을 지우던 일)하는 것은 너무 지나치다며 관직에서 물러나게만 했습니다.

　그러나 조정 대신들도 쉽게 물러나지 않았습니다. 이듬해 2월 29일에 의금부에서 경복궁 화재 원인을 모두 조사하고 보고하는 과정에서 박한종에게 다시 벌을 내리라고 청했던 것이지요. 의금부에서는 불이 난 만큼 원칙대로 하자면 장 100대를 때리고 옥에 가둬야 하지만, 공신이라는 점을 생각해 등급을 내리고 삭탈관직할 것을 청했습니다.

　이렇듯 박한종이 궁지에 몰리자, 사헌부와 사간원에서 환관에게 지나치게 높은 벼슬을 내린 것이 옳지 않다며 거두어 달라고 청했습니

다. 그러나 명종은 끝내 박한종에게 더 이상의 죄를 묻지 않았습니다. 그리고 이듬해 박한종에게 다시 직첩(벼슬아치의 임명장)을 돌려주고 궁궐에 나오도록 했지요. 사헌부가 여러 차례 상소를 올려 박한종의 임용을 취소해 달라고 요구했지만, 명종은 받아들이지 않고 오히려 박한종을 원자의 보양관(조선 시대에 세자와 세손을 교육하던 벼슬)으로 삼아 버렸습니다. 말하자면 원자의 보육 책임을 박한종에 맡겨 버린 것인데, 이에 대해 사간원의 관원들이 훗날 재앙의 불씨가 될 것이라며 박한종을 보양관에서 해임해야 한다고 청했지요.

명종이 이 요청을 받아들이지 않자, 이번에는 성균관 유생 500여 명이 박한종을 내쫓을 것을 상소했습니다. 그러나 대왕대비인 문정왕후의 절대적인 신임을 받고 있던 박한종을 명종도 어쩔 수 없었습니다.

그런 상황에서 1558년 1월에 내관 박세겸을 의금부에 내려 심문해야 한다는 상소가 있었습니다. 박세겸은 박한종의 양자였는데, 함경도 덕원 땅에 내려가 어명을 받았다고 거짓말하며 역마를 타고 돌아다니며 뇌물을 받아 챙긴 것이었습니다. 박세겸의 죄가 확실한 이상

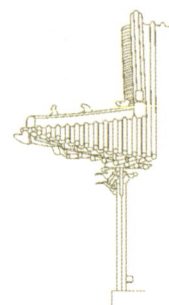

명종도 어쩔 수 없이 그를 의금부에 보내 죄를 묻게 했습니다.

그렇다고 박한종의 힘이 움츠러든 것은 아니었습니다. 박한종은 그 무렵 세자를 보양한 공에 힘입어 종1품 숭정대부의 벼슬을 받았지요. 환관은 원래 종2품까지 벼슬할 수 있었는데, 원칙을 깨뜨리고 종1품을 제수한 것이었습니다.

그러나 권력도 세월 앞에서는 어쩔 수 없던 모양입니다. 1563년 8월 12일에 박한종도 마침내 삶의 종지부를 찍었습니다. 이에 명종은 1품 공신의 환관으로 죽었으니, 그에 맞는 상례를 치러 줄 것을 명령했습니다.

당시 사관은 그 일에 대해 이렇게 통탄했답니다.

> 박한종이 명을 전달한 공로로 위사 훈록에 참여하여 후한 은총을 받아 부귀로 일생을 마쳤으니 아, 이것이 박한종에게 다행이지만 국가에게는 큰 불행이로다.

영조의 최대 정적 박상검

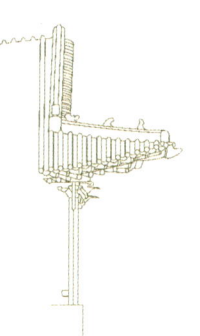

박상검(朴尙儉)은 경종 대의 대전 환관인데, 소론과 노론의 싸움에 말려 당시 세제였던 영조를 살해하려 했다는 죄명을 쓰고 죽은 인물입니다. 그는 평안도 영변 사람으로, 어릴 때 심익창에게 글을 배웠고 소론의 중심 인물이었던 김일경과 친분이 있었습니다.

박상검의 죽음은 경종과 영조의 왕권 투쟁 과정에서 생긴 목숨을 건 정치 사건이었지요. 경종 즉위 초에 조정은 연잉군 금(훗날의 영조)의 세제 책봉을 둘러싸고 소론과 노론 사이에 격렬한 싸움이 펴져 나갔는데, 이것은 모두 숙종 대에 예고된 일들이었습니다.

숙종은 노론의 우두머리 송시열을 죽이는 무리수를 두면서까지 장희빈의 아들 윤(경종)을 세자로 책봉했습니다. 그러나 세자가 지나치게 병약하여 자식을 얻지 못하자

> 나는 소론 편에 섰다가 영조에게 죽임을 당했지.

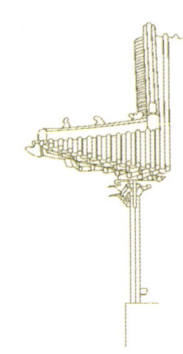

1717년에 노론의 우두머리 이이명에게 연잉군을 세자의 후사(대를 잇는 자식)로 정할 것을 부탁했습니다. 또한 이때 세자를 대신해 연잉군이 세자 대리청정(세자를 대신하여 편전에 나가 정사를 배우는 것)을 하도록 지시했지요. 이렇게 되자, 세자를 지지하던 소론 세력이 격렬하게 반발했고, 급기야 노론과 소론 사이에 목숨을 건 싸움이 벌어졌던 것입니다.

그러나 나라를 염려한 숙종은 노론에게 힘을 실어 준 채 1720년 6월에 죽음을 맞이했기 때문에 경종이 왕위에 오를 당시, 조정은 노론이 휘어잡고 있었습니다. 노론 세력은 경종이 지나치게 병약하고 대를 이을 왕자가 없는 상황에서 건강이 나빠지고 있다는 이유를 내세우며 하루 빨리 연잉군을 세제로 책봉해야 한다고 주장했습니다. 경종은 노론의 주장에 따라 1721년 8월에 연잉군을 세제에 책봉했지요.

연잉군의 세제 책봉으로 기선을 잡은 노론은 그 참에 왕권까지 손에 넣으려고 했습니다. 그래서 경종이 정사를 주관할 입장이 아니라며 세제로 하여금 대리청정을 해야 한다고 주장했지요. 즉, 경종에게 정사에서 손을 떼라는 뜻이었습니다.

소론 측은 강력하게 반발했지만 노론의 힘에 밀린 경종은 그해 10월 세제청정을 받아들였고, 세제 금은 왕권을 행사하게 되었습니다.

박상검이 정치 전면에 등장한 것은 바로 이때부터였습니다. 당시 경종 주변에 있던 박상검, 문유도 등의 대전 환관들은 소론과 친밀했고, 소론에서는 그들과 은밀히 접선해 경종의 마음을 움직였던 것입니다.

박상검과 몰래 통하고 있던 인물은 소론의 과격파였던 김일경이었습니다. 박상검은 어린 시절에 고향인 평안도 영변에서 심익창이란 인물과 담 하나를 사이에 두고 살았는데, 그런 인연으로 그는 심익창에게 글을 배웠지요. 그리고 김일경은 젊은 시절에 영변부사로 재직하며 심익창과 친분을 가졌고, 훗날 심익창의 주선으로 박상검은 김일경과 친해져 소론 편에 서게 된 것이었습니다.

김일경은 박상검을 통해 세제가 대리청정으로 왕권을 장악하려 한다는 말을 경종에게 전했고, 경종은 그 말을 듣고 놀라 세제청정 명령을 급히 거둬들였습니다.

소론은 그 기회를 놓치지 않고 세제청정을 요구한 집의 조성복과 청정 명령을 받들어 행하고자 했던 노론의 4대신 김창집, 이건명, 이이명, 조태채 등을 왕권 교체를 꾀한 역적이라고 공격했습니다. 물론 이 일은 김일경이 주도했지요.

결국, 경종은 소론의 주장을 받아들여 그해 12월에 노론의 4대신을 모두 유배시키고, 조정의 중요한 자리에 있던 노론 대신들도 대부분 유배하거나 쫓아냈습니다. 노론을 밀어낸 소론은 곧 조정을 장악했고, 소론의 화살은 세제 금에게로 향했습니다. 소론은 세제 금을 폐위시키지 않고는 정권을 지킬 수 없다고 판단했고, 경종에게 그 뜻을 어떻게 전할까 고민했습니다. 경종은 중병으로 누워 있었기에 신하들이 함부로 얼굴을 볼 수 없는 처지였으므로, 소론의 뜻을 전하는 일은 박상검이 맡았습니다.

박상검으로부터 소론 대신들의 뜻을 전해 들은 경종은 박상검에게

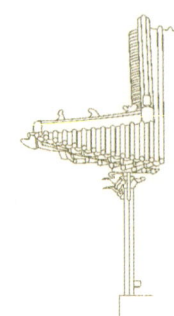

비망기를 내렸습니다. 그 비망기(임금의 명령을 담아 승정원에 전하는 문서)의 내용은 실록에 기록되지 않았으나 세제를 폐위하거나 자살을 명령하는 내용이었을 것으로 보입니다. 비망기를 받은 박상검은 그것을 소매에 넣고 승정원으로 달려갔습니다. 그것이 승정원에 전달되면 비망기의 내용은 조정에 알려지고 시행되는 것이었습니다.

이때 세제 금은 대전의 상황이 심상찮게 돌아가는 것을 눈치채고 인원왕대비(숙종의 계비 인원왕후)에게 달려가 울면서 살려 달라고 매달렸지요. 인원왕후는 김주신의 딸이었고, 김주신은 노론의 우두머리 김창집과 친구였습니다. 때문에 인원왕후는 노론 편에 서 있었습니다. 세제의 구원 요청을 받은 인원왕후는 경종에게 한낱 환관의 간사한 꾀에 말려 형제간의 우애가 상하고 사직이 위태롭게 되었다며, 비망기를 거둬들이고 교지를 전한 박상검을 벌줄 것을 요구했습니다.

경종은 인원왕대비의 요구를 들어줄 수밖에 없었고, 결국 비망기의 내용은 승지들 손에 넘어가지 않았답니다. 그야말로 영조는 황천길에

서 겨우 살아났던 것이지요.

하지만 그 후에도 소론은 끊임없이 세제를 없애려고 했습니다. 물론 경종도 왕위에 위협을 느끼고 어느 정도 동조하는 분위기였습니다. 문 밖에도 나가지 못하는 처지에 놓인 경종으로서는 왕위에서 내쫓길지도 모른다는 불안감 때문에 세제를 신뢰할 수 없었던 것이지요. 더구나 가장 가까운 사람이라고 할 수 있는 박상검 등의 대전 환관들은 세제를 없애야 한다는 의견을 내놓고 있었습니다.

영조
조선 제21대 임금 영조의 초상화이다.

그런 상황에서 세제 금은 또 한 번 위기를 겪습니다. 동궁에서 대전으로 통하는 청휘문이 폐쇄된 것이었습니다. 청휘문이 폐쇄되면 세제는 대전에 문안할 수 없었습니다. 당시 박상검은 대궐 안에 여우가 나타났다며 여우가 다니는 길을 막기 위해 청위문을 폐쇄하고, 곳곳에 그물과 여우 잡는 도구를 설치해 두고 있었습니다.

세제는 곧 자신을 살해하려 한다고 판단하고, 그날 밤에 동궁의 입직 군관인 김동필과 권익관, 세자익위사의 관원 홍우현과 이세현을 불렀습니다. 그리고 그들에게 그동안 있었던 일들을 늘어놓으며 세제의 자리에서 물러나려 한다는 의견을 내놓았지요.

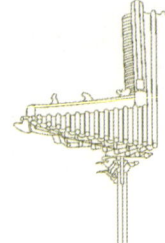

　몇 명의 환관들이 나를 없애려고 했다. 이 때문에 대비께서 나를 불러다 물어보라고 전하께 청하셨다. 내가 대전에 불려 가 울면서 나를 죽이려 한 환관들을 잡아다가 심문할 것을 청했더니, 전하께서 그들을 추고(죄를 묻고 심문하는 것)하라고 명하셨다. 그래서 추고하려 했더니, 이내 다시 그 명령을 거두셨다.

　이 일이 일어나지 않았다면 모르지만, 이미 일어난 일을 그냥 두고 볼 수는 없었다. 임금 곁에 있는 악당들을 제거하지 않으면 안 되겠다는 생각에 다시 상언했더니, 쾌히 허락해 주시어 몹시 기쁘고 다행스러웠다. 그런데 물러나 처소로 돌아와 보니 앞에 내린 분부를 모두 환수하시고, 차마 들을 수 없는 하교를 하셨다.

　내가 장차 합문에 나가 석고대죄(거적을 깔고 엎드려 임금의 처분을 기다리던 일)하여 세자의 위를 내놓고자 하여 그대 시강하는 관리들로 하여금 나의 거취를 알게 하려는 것이다.

　이것은 그저 어쩌다 한번 일어난 사고도 아니고, 오랫동안 쌓여 온 일이다. 내가 이미 주상 앞에 고한 이후에는 그들을 잡아다 추고하라는 분부를 거둬들였다손 치더라도 저들 무리는 마땅히 쭈

그려 엎드려 대죄해야 마땅한데, 도리어 의기양양하여 궁중을 드나들고 있다. 오늘은 이 무리들 때문에 문안도 저지되었으니, 내가 이제 세제의 위를 내놓지 않을 도리가 없지 않은가. 내가 곡을 하며 종묘의 혼전에 하직 인사를 올리고 궁궐을 나가야 하는 것을 모르는 바 아니지만, 이는 성상(임금)의 하교(가르침)를 받은 바가 아니니 감히 내 마음대로 할 수가 없구나.

세제의 말을 듣고 김동필과 권익관이 이렇게 대답했습니다.

"저하께서는 대조(경종)께 군신과 부자의 의리가 있으니, 비록 일시적으로 당혹한 하교가 있다손 치더라도 마땅히 공경하는 마음과 효도하는 마음을 가져야 할 것입니다. 그리고 지금 양전(대전과 대비전)께서 몸이 편안하지 않으시므로 이렇게 깊은 밤중에 수선스럽게 할 수가 없으니, 내일쯤 가서 조정으로 하여금 처리하도록 하소서."

그러자 세제 금은 이미 작성해 둔 사위소(세자의 위에서 물러나겠다는 상소)를 꺼내 보였습니다.

그쯤 되자 세제의 결단이 대단한 줄 알고, 김동필과 권익관이 말리며 말했습니다.

"신 등이 물러가 사부, 빈객과 외정의 여러 신하들에게 말하여 죄인을 성토하기를 청할 것입니다. 그들이 법에 의해 처단된 뒤엔 어찌 불

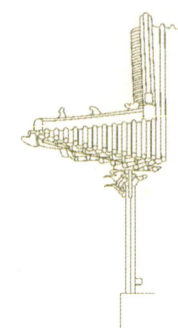

안할 까닭이 있겠습니까?"

세제는 그들로부터 다시 한 번 자기의 뜻을 대신들에게 전하겠다는 확답을 받았습니다.

다음 날, 이 일이 신하들에게 알려지자 조정이 발칵 뒤집혔습니다. 세제의 강수(강력한 비법)에 조정을 장악하고 있던 소론 대신들은 크게 당황했고, 급기야 대신들이 경종이 누워 있던 진수당으로 몰려갔지요.

먼저 영의정을 맡고 있던 소론의 우두머리 조태구가 환관 박상검과 문유도를 벌줄 것을 청했습니다. 세제가 사위소까지 내밀며 강하게 나오자, 한 발 물러서서 박상검을 희생시키기로 한 것입니다. 이어 우의정 최석항이 거들었고, 이조 판서 심단이 거들었습니다. 하지만 경종은 받아들이지 않았지요. 조태구는 우는 시늉까지 하며 극력으로 간했지만, 경종은 꼼짝도 하지 않았습니다.

그러자 심단이 이렇게 말했습니다.

"여러 신하들이 이렇게 간청하니, 적발하여 사형에 처하라는 하교를 내리심이 어떠하십니까?"

경종은 귀찮은 듯이 누운 채로 뭔가 손짓을 했습니다. 마치 대답을 한 것으로 여겼지만, 분명치가 않아 조태구가 다시 청하여 말했습니다.

"소신이 제대로 알아듣지 못했으니, 옥음을 상세히 듣기를 원합니다."

경종은 기어드는 음성으로 귀찮은 듯이 말했습니다.

"적발하여 사형에 처하라."

소론으로선 박상검의 희생이 안타깝긴 했지만, 일단 박상검과 관련

된 인물들을 죽여 입을 다물게 하는 것이 일을 최소화하는 것이라고 판단했던 것이었습니다.

한편, 인원왕대비는 언문 교지를 내려 박상검과 문유도뿐 아니라 그들과 협잡해 세제를 독살하려 한 나인 석렬과 필정도 함께 죽이라고 했습니다. 그러자 조태구는 즉시 왕대비의 교지대로 하겠다고 답하고, 이미 그에 대한 왕명이 내려졌다고 말했지요.

그렇게 해서 박상검 일당은 즉시 처형되었는데, 이때 좌윤 황일하가 박상검 사건에 연루된 죄인들을 국문하지 않고 사형에 처하도록 한 삼사의 관원들을 탄핵하는 상소를 올렸습니다. 소론으로서는 매우 곤란한 일이었지요. 황일한의 상소에는 박상검의 같은 무리가 음모의 단서가 드러날 것을 두려워하여 서둘러 죽이려 한다는 내용도 들어 있었습니다.

하지만 경종이 별다른 답을 내리지 않자, 노론인 병조 판서 송상기가 다시 한 번 황일하의 주장을 반복했습니다.

결국, 노론의 주장에 따라 그해 12월 29일에 박상검과 문유도를 국문하게 됩니다. 먼저 승전색 문유도를 국문했는데, 그는 강하게 혐의를 인정하지 않았습니다.

동궁의 문안을 막은 것에 대해 문유도는 이렇게 대답했습니다.

"승전색은 그저 비답을 전하는 소임이 있을 뿐입니다. 그러니 동궁의 문안에 대해서는 아는 바가 있을 수 없습니다. 더구나 동궁께서 '내 몸을 제거하려 한다.'고 하셨는데, 그 말씀이 너무나 애매하여 무슨 말인지 알 수 없습니다."

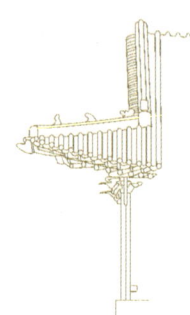

　박상검도 세제에게 문안 인사를 하지 말라는 처분을 내린 것에 대해 자신의 무죄를 주장했습니다.

　"12월 21일 밤에 입직하여 동료가 전하는 말을 듣건대, 20일 밤에 왕세제께서 문안 때문에 대전에 아뢰기를 '내관이 정사에 관여하여 범한 것이 많으니 청컨대 내용을 가려내어 죄를 바르게 다스리소서.' 라고 했다고 했습니다. 이에 대전에서 하교하시길 '이번 처분은 내가 내린 것인데, 어째서 내관이 간여한 일이라고 하느냐.' 고 하셨습니다. 하지만 이어 말씀시길 '동궁이 그렇게 생각한다면 내막을 가려내도록 하라.' 고 하셨습니다."

　박상검의 말인즉, 동궁에게 문안을 오지 말라고 한 것은 경종의 뜻이었다는 것입니다. 그리고 그 일에 정 의심이 가면 동궁 스스로 나서서 그 내막을 가려 보라고 한 것이었습니다.

　이어 박상검은 또 이렇게 말했습니다.

　"왕세제께서 청음정에 나아가 여러 내관들을 불러 내막을 조사하셨는데, 내관들이 모두 아는 바가 없다고 했습니다. 그러자 왕세제께서 '문유도와 박상검은 지은 죄가 있어 나를 보면 얼굴빛이 달라지니, 이는 속에 있는 것이 밖에 드러나는 것이다.' 고 했습니다."

　박상검의 말에 따르면 세제의 주장은 그저 억측이라는 것이었지요. 그리고 마지막으로 결코 동궁을 없애려 한 일이 없다며 무죄를 주장했어요.

　하지만 그로부터 7일 뒤인 1722년 1월 6일 박상검은 사형되었고, 문유도는 그 전날 고문으로 죽었습니다. 그들 외에도 박상검과 친분이 있던 최홍을 비롯한 여러 환관들이 고문을 받고 죽었지요.

하지만 박상검 사건은 그것으로 끝나지 않았습니다. 박상검 사건으로 궁지에 몰린 소론의 김일경은 1722년 3월에 남인의 서얼 출신 목호룡을 앞세워 경종이 세자로 있을 때 노론 측에서 경종을 죽이려고 했다는 고변(반역 행우를 고발하는 것)을 했습니다. 이 일로 유배지에 있던 노론의 4대신이 한양으로 압송되어 모두 사약을 받고 죽었으며, 국청 중에 사형된 사람이 20여 명, 맞아 죽은 자가 30명이 넘었습니다. 그 외에도 노론의 가족들이 체포되어 13명이나 교살되었고, 9명은 스스로 목숨을 끊었습니다. 또 유배된 자가 114명, 연좌되어 죄인이 된 자가 무려 173명이었습니다. 그야말로 김일경의 엄청난 반격이었습니다.

후에 영조는 왕위에 오른 뒤 이 신임옥사에 대한 복수전을 전개하여 김일경과 목호룡을 죽이고, 소론 대신들을 한꺼번에 몰아냈습니다. 이때 영조는 김일경과 박상검이 한 무리였다며, 그들은 떼를 지어

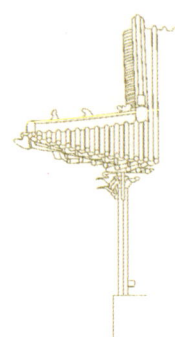

자신을 독살하려 했다고 말했습니다. 만약 영조의 말이 사실이라면, 박상검은 영조의 최대의 정적인 셈이었습니다.

영조는 박상검에 대한 분노를 평생 떨치지 못했던지 틈만 나면 그 일을 거론했습니다. 또 박상검 때문에 환관에 대해서 매우 강경하고 엄하게 다스렸고, 그것은 조선 말기에 환관의 영향력을 크게 약화시키는 원인이 되었답니다.